KB190215

문예신서
269

중국 소수민족의 원시종교

洪熹 著

東 文 選

중국 소수민족의 원시종교

차 례

머리말

중국의 소수민족 문화와 원시종교

중국 문화의 특징 가운데 하나는 다양성이다. 역사 배경과 생태 환경이 다른 56개 민족으로 구성된 다민족 국가 중국은 정치 · 사회 · 문학 · 철학 · 종교 등에서 다양한 문화를 형성해 왔다. 역사적으로 중국문화는 수많은 외래 문화와 토착 문화의 교류와 융합을 통해 그 폭과 깊이를 더해 왔으며, 지역적으로는 여러 민족과 주변국 간의 영향 속에서 동양 문화의 주류를 이루어 왔다. 지역과 민족의 차이에 기인한 다양한 문화는 역사 속에서 상호 작용과 변천을 거듭해 왔으며, 그런 가운데 1978년 이후 개혁 개방으로 인한 급속한 현대화 과정은 중국 사회와 문화에 심각한 변화를 불러일으켰다.

이러한 변화로 중국에는 동부와 서부의 지역 격차, 도시와 농촌 간의 불균형, 한족과 소수민족, 소수민족과 소수민족 사이의 민족 문제, 소득 불균형 등 여러 문제가 발생했다. 특히 소수민족과 관련된 문제는 정치적 · 경제적 · 문화적 측면에서 심각한 문제로 대두되었다. 현재 중국 내 소수민족의 주요 거주 지역은 흑룡강 · 길림 · 내몽고 · 영하 · 감숙 · 신강 · 청해 · 티베트 · 운남 · 귀주 · 광서 · 해남의 12개 성과 자치구, 그리고 사천 서부와 남부 상서(湘西) · 악서(鄂西) 등이다. 이들 지역은 중국 전체 영토의 2/3를 차지하고 있으나, 소수민족 인구는 전체 인구의 8퍼센트에 지나지 않으며 서로 다른 자연 환경과 역사적인 발전 과정이 다르므로 다양한 문화 면모를 보여 주고 있다. 또한 민족간의 피차 접촉 혼잡 융합을 거치면서, 동시에 분열 소망(消亡)하면서 다원일체 문화를 구성하고 있다. 도시와 농촌, 동부와 서부, 내지와 변경 지역, 한족과 소수민족, 소수민족 사이에 서로 간의 차이가 존재하고 있으며, 급속한 현대화로 인한 변화와 발전이 가속화 되고 있으며 민족의 전통 문화도 급격한 변혁의 소용돌이에 휘말려 있다.

　중국 민족은 지역에 따라 경제 유형이 서로 다르다. 북방과 서북 지역에는 유목 생활에다 어렵을 겸한 문화 구역이고, 황하 중하류의 한지 농업 문화와 장강 하류 및 이남의 수전 농업 문화 · 광서 · 귀주 · 운남 지역의 농경 수렵 문화, 티베트는 한지보리와 야크 축목을 주로 농목 문화, 서북의 오아시스 인공 관개 농업, 서남 지역은 산지 화전과 한지 농업 겸 수렵 문화 유형이다. 허저 · 오로촌 · 에벤키는 전통적으로 어렵 채집 경제를 주로한 문화 유형이었으며, 몽고 · 하사크 · 키르키즈 · 위그 · 타지크 · 티베트 · 다우르는 초원 · 고비초원 · 분지 · 고원 지역에서 목축을 주로 하고 있으며, 와족과 야오족은 산지 유경(游耕), 위구르의 오아시스 농업과 목축 · 다이 · 바이 · 하니, 남방 한족은 벼농사를 위주로 한 수전과 북방의 한족 회족, 만주족 등의 평원 집약적인 농업 지역도 있다.

　중국 성립 이전에 각 지역에는 원시 사회 · 노예 사회 · 봉건 사회 · 자본주의 맹아 단계 등 사회 발전이 서로 달랐다. 일부 한족 · 회족 · 만주족 · 위그르족은 자본주의 경제 형태였으며, 한족의 절대 다수와 30여 개 소수민족의 3천만 정도의 인구는 소농 경제와 봉건 지주 경제였다. 신강의 위그르족, 운남의 다이족, 티베트의 티베트족은 봉건 농노제였으며, 대소 양산의 이족은 노예제 사회였다. 오로촌 · 에벤키·두룽·누·뤼수·징퍼·와·부랑·지눠족 등의 민족은 생산 도구의 공유, 공동 생산과 평균 분배가 어느 정도는 남아 있었으며, 사회 구조는 씨족 부락 혹은 농촌 공사가 특징적이었다. 정치 제도에서도 티베트의 정교합일 제도, 이족의 가지 제도, 다이족의 토사(土司) 제도, 영주 제도, 원시민 주제 등이 존재하였다. 이처럼 지리 생태 환경과 경제 문화 유형의 다양성, 노동 방식과 사회 제도, 가치 관념 등이 서로 달랐으므로, 이는 각 지역과 민족의 생활 방식의 차이를 결정하고 있다.

49년 중국 성립 이후 30여 년간은 혁명의 시대라고 할 수 있다. 이 시기에는 마오쩌둥 사상으로 신민주주의 혁명과 사회주의 혁명을 목표로 사회를 개조하고 전 인민을 고도로 통일시키기 위한 혁명 운동이 진행되었다. 생활 방식은 낡은 사회, 낡은 전통에 대립된 새로운 정권의 이상으로 실제 사회를 개조하려고 하였다. 이 기간은 어느 지역과 민족이 어떤 상황에 처해 있든 보편적인 사회 동질성을 갖기 위하여 모두 예외 없이 서로 같은 제도와 문화로 전향되었다. 아울러 이런 과정이 단기간 내에 신속하게 완성되었다. 이런 변화는 혁명이고, 사회 모델의 전환이었으며, 사회 일체화였다. 개방 시대는 다양화에서 일체화로, 지방화에서 세계화로, 전민일치에서 집단(민족) 내지 개인의 개별 문제로 전환되었다. 전민의 일치성과 이것을 표준으로 한 개인의 순결성에서, 집단이나 개인의 개별성과 이를 기초로 한 사회의 수용성을 특징으로 한다. 개혁 개방 정책의 시행으로 민족 문화 전통에 대한 개방, 외래 문화에 대한 개방이 이루어졌으며, 민족의 생활 방식은 전면적인 변화를 초래하게 되었다. 이전의 생산 중심에서 생활 중심으로의 전환되었으며, 보편화에서 특수화·지방화·개인화로 전환되었다. 단일한 형식의 표준화에서 선택식의 다양화로 나가는 과정에 있으며, 정부 주도하에 이루어졌던 통일된 표준화를 추구했던 민족의 생활 방식은 다시 새로운 문화의 회복 시기에 들어서게 되었다. 이후 전통 문화의 전면적인 회복, 외래 문화의 전면적인 개방으로 문화는 선택적이고 자주성을 드러내게 되었다. 표준화에서 다양화로 나가게 되었으며, 종교 신앙 활동의 윤허, 민간 신앙 활동의 용인으로 중국 사회 전반에 새로운 활력을 불어넣게 되었다. 특히 소수민족 농촌 사회에서는 다시 원시 신앙이 회복되었으며, 민간에서의 종교 활동이 활발해지게 되었다.

역사적인 분기점인 1949년, 중국 공산 정권 성립 이전의 봉건적인 문화에서, 사회주의 국가로의 전환이라는 대정치적 변동은 중국 전체를 문화 변혁의 현장으로 만들었다. 그러나 이러한 인위적이고 의도적인 변화는 기존의 전통 문화를 부정하고 새로운 사회주의적 가치만을 허용하는 정치물의 소산이었다. 결국 1978년 개혁 개방으로 대변되는 또 한 차례의 문화 변동이 현재까지 진행되고 있는 상황이다. 개혁 개방 이래 경제적 가치가 우선되는 개발의 논리는 현대화 과정 속의 전통 문화에 다시 한 번 지각 변동을 일으키고 있다.

운남 금평현 내에는 다이 · 하니 · 이 · 먀오 · 야오 · 쫭 · 라후 · 한족과 망인 등이 살고 있는 지역이다. 금평현은 베트남과 인접해 있는 국경 지역으로 얼마 전까지만 해도 외부로 연결되는 통로가 발달되지 않아 전통적인 문화를 잘 보존된 지역 중 하나였다. 이 지역은 산의 해발 차이를 중심으로 민족마다 자신들의 전통적인 생활 방식에 따라 살아가고 있었다.

다이족은 해발 3백 미터 정도의 하곡 지대에서 열대 작물과 벼농사를 위주로 생활했었다. 지금은 많은 논들이 이미 바나나와 고무나무 밭으로 바뀌었으며, 전통적인 죽루 형태의 가옥도 시멘트 벽돌 집으로 전환되고 있었다. 난간식 죽루는 아래에 농기구를 놓아두고 소 같은 가축을 기르기에도 편하였으며, 주변에서 흔히 구할 수 있는 대나무와 목재를 이용하여 경제적으로 지을 수 있었으며, 아열대 기후인 이 지역에서는 통풍이 잘 되고 시원하여 사람이 거주하기에 가장 적합한 형태라고 할 수 있다. 그러나 4-5년 전만 해도 거의 이런 형태의 죽루가 대부분이었으나, 지금은 한 마을에 들어가면 이런 죽루에다 띠풀을 엮어올린 집들은 거의 찾아보기가 힘들며, 띠풀은 이미 슬레이트 지붕으로 바꾸었고, 죽루도 현대식 시멘트 집으로 바뀌어 가고 있었다. 그 이유로는 이미 농업에서 바나나 고무 농장으로 바뀌다 보니 농기구를 둘 곳이 필요 없어지게 되었으며, 목재 가격이 벽돌 가격보다 비싸고 매년 지붕을 다시 덮어야 할 필요도 없으므로 현대식 주거 형태로 바뀌게 되었다. 정부에서도 주택 개량을 위한 융자와 보조금을 주고 있었다. 새로운 거주 환경에 적응하다 보니 냉방과 상하수도 시설 등을 위한 전력을 필요로 하게 되었으며, 주변에는 수력 발전소 건설 작업이 한창 진행되고 있었다. 농촌의 현대화에 관한 문제는 이미 중국 전역에서 직면하고 있는 문제이다.

하니족은 해발 1천2백-1천4백 미터 정도에서 다랑논에 벼농사를 주로 하고 있으며, 1천5백 미터 이상에서는 먀오족과 야오족 등이 해발 차이에 따라 수직 분포대를 이루면서 여전히 자신들의 전통적인 생활 방식에 따라서 살고 있다. 산간 지대에 살고 있는 고충인은 50년대말까지도 여전히 원시적인 생산 형태를 지니고 있었으며, 가장 간단한 유경식 화전에다 수렵과 채집으로 생계를 유지하고 있었다. 이들의 사회 제도도 씨족을 바탕으로 공동 생산과 공동 소비 형태가 남아 있었으며, 소유와 상업 관념이 극히 희박했다. 1960년대 이후로 정부에서는 이들을 산 아래로 내려오도록 유도하고 정착 생활을 위한 지원을 해주었다. 그러나 몇 번 인민 공사와 혁명으로 인한 체제의 획일성에서 다시 산으로 올라가 이전과 같은 생활을 하기도 하였다. 저미향(渚米鄕)의 66신채에서 이미 라후족으로 편입된 고충인을 조사하였는데, 이들은 이미 농업민으로 거의 정착하고 있었다. 묘족(苗族)은 대부분 물이 부족한 열악한 자연 환경에서 밭농사와 일부 화전 경작을 하면서 돼지나 양등을 방목하여 생계를 유지하고 있었다. 그러나 여전히 생계 문제를 해결하지 못하고 있는 극빈 계층의 삶을 살고 있으며, 여전히 자기 민족의 전통적인 원시종교 관념으로 인한 사회 가치 체계와 관습 등을 지키면서 살아가고 있다. 이들 중국 소수민족은 민족의 인구와 실력에 따라 문화의 유형과 특징을 다음 몇 가지로 나눌 수 있다.

1. 전통 문화 주도형: 위구르·하사크·러시아 몽골·티베트·조선·다이족 등은 모두 1천7백65만으로 전국 소수민족 총 인구의 23.5퍼센트를 차지하고 있다(1990년 인구 통계). 이들 민족은 모두 자신의 언어와 문자가 있으며, 유구하고 완전한 민족 문화 체계를 갖고 있다. 어떤 민족은 서로 나라를 달리하여 거주하고 있어서 비교적 넓은 지역에 공통된 경제 구역을 형성하고 있다. 기나긴 역사 발전 과정 중에 전통 문화가 주도적 위치를 차지하며, 선명한 민족 지역 특색을 유지하고 있다.

2. 개방 용납형: 좡·둥·부이·쉐이·챵·바이·나시·지눠·키르키즈·우즈벡·타타르·시버·다우르족 등의 민족으로 모두 1천8백23여 만으로 27.1퍼센트를 차지하고 있다.

3. 흡수변천형: 만·투쟈·아창·무라오·거라오·마오난·서·가오산·허저·토·위구 등의 민족으로 모두 7백89만여 명으로 11.7퍼센트를 차지하고 있다. 이들 민족은 거주 구역이 분산되어 있으며, 다른 민족과 잡거하고 있다.

4. 낙후형: 루수·누·두룽·라후·더앙·부랑·리·와·먼바·거바·오로촌·에벤키·타지크 등의 민족으로 2백11만여 명이며, 3퍼센트를 차지하고 있다. 이들 민족은 대부분이 변경 지역에 거주하여, 교통이 비교적 봉쇄되었다. 민족의 기원과 발전이 서로 다르며 자신의 언어는 있으나 문자가 없었다. 근 현대에 들어와 문자를 창제하였으나 별로 보급되지는 않았다. 대다수가 원시종교와 샤머니즘을 믿고 있으며, 일부는 라마교·기독교·천주교와 이슬람교를 믿기도 한다.

5. 종교응취형: 회·둥샹·바오난·사라 등의 민족으로 7백57만으로 11.3퍼센트를 차지하고 있다. 이들 민족의 형성·습속과 명절은 모두 이슬람교와 밀접한 관련을 맺고 있다. 회족의 민족의 기원이 비교적 복잡하여 서로 다른 종족과 민족 공동체에 속하였으나, 하나의 민족으로 형성되는 과정에서 종교 신앙으로 인한 영향을 깊게 받고 있다.

6. 입체다원형: 이·먀오·야오 등의 민족으로 모두 1천1백18만여 명으로 17.7퍼센트를 차지하고 있다. 이 세 민족은 인구가 비교적 많으며, 이족과 먀오족의 인구는 모두 5백만 이상이 되고, 야오족 인구도 1백40여 만이 된다.

이처럼 중국 내 소수민족은 각기 서로 다른 생태 환경과 역사적인 발전 과정 속에서 서로 다른 문화를 지키면서 생활해 오고 있다. 이들의 생활과 민속, 예술과 신화, 금기와 습관 속에서는 허다한 종교 현상을 발견할 수가 있으며, 민족 내의 감정과 동질성에서도 종교적인 영향이 극히 크다고 할 수 있다. 현대화로 인한 급속한 변화가 진행되고 있는 중국 속에서 이들의 원시종교를 연구하는 일은 문화적으로 극히 중요한 일일뿐만 아니라 중국 내 소수민족을 정확하게 이해할 수 있는 첩경이라 할 수 있다.

특히 문자가 없는 민족의 종교와 신앙은 교리를 해설한 경전도 없으며, 체계적인 의례나 절차도 규정되어 있지 않으므로, 구전과 전통적인 제사 의식을 통하여 전승되어 내려오고 있다. 그러나 이미 현대화와 교육으로 인하여 촌락 안에서도 이들 원시종교의 신앙 정도에 차이가 생겨나고 있으며, 특히 젊은층일 수록 종교성이 약화되고 있다. 그러므로 이미 도시화가 진행되고 있는 지역의 민족들에게서는 전통적인 신앙과 의식이 민속화되어 가고 있는 경향을 도처에서 찾아볼 수가 있다. 같은 민족도 지계(支系)나 갈래에 따라 서로 다른 신앙 형태를 보여 주고 있다. 금평현의 다이족은 타 지역의 다이족이 소승불교를 신봉하는 것과는 달리 여전히 원시종교가 기본 신앙 형태를 이루고 있다. 그러나 최근의 이 지역을 조사한 결과 이전 마을 제사를 지냈던 멍라촌공소 소재지에 있는 용수(龍樹)는 그대로이나 매년 새 해를 맞이하여 이곳에서 마을 제사를 지내던 용제는 이미 사라진지 몇 년이나 되었으며, 제사를 주관하던 용두도 더 이상 선출하지 않았다. 마을에서 얼마 떨어지지 않은 푸미촌에는 1998년에 시솽판나에서 스님을 모셔와 절을 지어 포교를 하고 있었다. 그러나 아직도 '티엔'이라는 무당이 사람들을 위하여 혼을 불러 병을 치료하고 있었으며, 대다수 사람들이 그 무당의 영험을 믿고 있었다. 같은 금평현 경내의 다이족도 지역에 따라 그 차이가 있었으며, 이는 문화적인 통로나 현대화와도 깊은 관계가 있었다. 향정부에서 떨어진 산위의 야오족이나 하니, 이족에게는 여전히 자신들의 종교 습속이 그대로 이어져 내려오고 있었다. 같은 민족에게도 지계에 따라 언어와 복식, 주거 환경 등에 차이가 있었으며, 집안마다 제사 방법에 차이가 있었다. 명라향 치라(期蠟)의 이족은 자신들을 '무지바'라고 부르며 암탉족이라 하였다. 이들은 운남 지역의 이족과도 언어가 거의 통하지 않으며, 타 지역의 이족처럼 비머와 같은 종교인도 없고 자신들의 문자로 기록한 경전도 없었다. 범퍼라고 부르는 무가 병을 치료하고 마을 제사를 지냈으며, 일반적으로 조사되어 알려진 이족과는 큰 차이를 보이고 있었다. 이런 점은 소수민족의 원시종교 신앙에서 깊이 주의를 기울여야 할 점이며, 그 특이성과 지역 간 민족의 지계나 갈래에 다른 차이를 살피지 않고 일괄적으로 말할 수 없는 부분 중 하나이다. 사회주의 체제하에서 각 민족의 원시종교는 미신으로 여겨졌으므로 1980년대 이전에는 조사와 연구가 거의 이루어지지 않았으므로, 그 세세한 현상을 파악할 수 있는 민족지적 자료도 절대로 부족하다 할 수 있다.

민족마다 자신들의 토착 신앙을 갖고 있으며 여기에 다시 외래 종교와 문화의 영향으로 인한 변화 양상도 다양하다. 또한 이들 종교는 그 민족의 문화적인 특징을 구성하는 중요한 요인이며, 민족의 심리적인 공통성과 응집력을 나타내는 중요한 요소이기도 하다. 각 민족의 전통 문화 대부분이 종교에서 발원하여 변화하고 있다. 종교적 접촉으로 인한 문화 변천은 이 지역의 민족 간 토착 신앙, 토착 신앙과 중국 내의 종교(도교 · 불교 · 유교)적인 영향, 토착 신앙과 외래 종교(기독교 · 천주교 · 이슬람교) 속에서 신앙과 의례 등에 영향과 변화를 초래 하고 있다. 농촌 사회의 정치적인 변천 과정중에 개혁 개방 이후, 종교의 회복과 정통적인 권위의 부활이 향촌 사회의 정치에 끼친 변화의 양상도 이에 포함된다. 그리고 종교 문화의 현황과 변화, 다원화, 종교 조직과 종교 활동, 전통적인 종교 신앙이 세속화·비정규화되어 가는 추세 등에도 주위를 기울여야 한다. 종교 문화와 직접적인 관계가 있거나 파생된 각 민족의 신화와 전설·문학 및 예술 등을 검토하고, 과거 및 현재에서 다른 소수민족 또는 한족과의 상호 교류 및 습합 관계에 주의를 기울여야 한다.

제1장

피안의 세계로―
가무로 망자를 보내며

一. 상장(喪裝)과 통과의례

만물은 모두 태어나면 반드시 죽게 마련이다. 지금까지 서로 웃고 떠들며 의지가 되던 친족이 죽음을 맞이하면 이제 더 이상 이전의 따뜻하고 온화한 사랑의 존재가 아니라 가장 낯설고 두려운 존재가 되었다. 그러므로 인간에게도 가장 두렵고 무서운 경외의 대상이 바로 죽음이었다.

그러나 인간은 언제부터인가 동물과는 달리 단순한 생물학적인 죽음이라는 단계를 뛰어넘어 또 다른 문화적인 해석을 하게 되었다. 살아 숨쉬는 육체 외에 보이지도 않고 알 수도 없으나 이 모든 것을 초월할 수 있는 존재인 영혼을 생각하게 되었다. 이 영혼은 우리가 살고 있는 이승에서 벗어나 그들만이 가서 살 수 있는 다른 세계로 가게 된다고 여기게 되었다. 그러자 죽음은 인생의 종착역이 아니라 새로운 전환이요, 새로운 자리바꿈이 되어 버렸다. 여기에서 종교의 싹이 트이게 되고 이들을 보내고 맞이하는 제례와 의식이 점점 다양하고 복잡한 양상을 띠게 되었다. 각 민족간의 문화적인 이질성은 그 민족의 독특한 문화적 심리를 형성하게 되어 우리는 하나라는 공동체 의식이 싹트게 되었으며, 사회의 발전 양상에 따른 차이에서는 문화와 야만이라는 층차로 구별하게 되었고, 서로 다른 종교에서 보는 우주관과 내세관은 각기 다른 죽음에 대한 태도와 의식을 준비해 놓게 되었다. 또한 빈번한 문화의 교류와 융합으로 원본의식은 점차 쇠퇴해 지면서 서로 다른 종교와 문화가 어우러져 수많은 생사관이 하나로 뒤엉퀴게 되어 민족과 계층에 따라 서로 다른 차이를 보이게 되었다.

중국의 서남 지역인 운남(云南)·사천(四川)·귀주(貴州) 일대는 다양한 소수민족들이 아직도 전통적인 문화와 관습을 지키면서 살아가고 있는 지역 중 하나이다. 이들 민족은 사회 발전 정도의 차이에 따라 아직도 과학과 문명의 영향을 많이 받지 않고 있어 자신들의 문화를 잘 보존하고 있는 지역과 민족이 상존하고 있다. 어떤 면에서 이들 민족의 자료는 인류의 잊혀진 역사와 생활을 복원할 수 있는 활화석이 되기도 한다. 이들 민족의 상례는 민족마다 차이가 있으나 그 공통적인 토대는 원시종교가 근간을 이루고 있으며, 어느 면에서는 외래종교의 영향이 적어 그 순수한 면모를 가장 잘 들여다볼 수 있다. 원시종교 속에서 사망은 생명의 종결을 의미하는 것이 아니라 생명의 전이이다. 종교마다 죽음에 대해 서로 다른 해석을 하고 있으나 그 기본적인 출발점은 모두 원시종교의 영혼과 영혼불사의 관념이라고 할 수 있다. 사람의 사후에는 초자연적인 힘을 얻게 되며, 그 영혼은 산 사람에게 복을 줄 수도 있고 산 사람에게 재앙을 내려 줄 수도 있다.

二. 상례 속에 보이는 상장가무(喪葬歌舞)

상례는 한 사람이 끝내 인간 세상을 떠난다는 표시이다. 그러나 원시종교 속에서 죽음은 단순한 생명의 종결만을 의미하지는 않는다. 사람은 모두 영혼을 갖고 있으며 이 영혼은 육신의 죽음에 따라 소멸되는 것이 아니라 다른 세상으로 옮겨간다고 여겨진다. 그러므로 죽음을 처리하는 상례는 민족과 지역 종교에 따라 복잡한 모습을 띠게 된다. 영혼불멸 사상으로 인하여 사람이 죽으면 초자연적 힘을 같을 수 있으며, 이 영혼은 산 사람에게 복을 줄 수도 있고 화를 미칠 수도 있다. 그러므로 사망은 신비롭고 두려우며 경외로움이다. 인간의 죽음은 단지 육체의 소멸일 뿐이며 영혼은 여전히 살아 있다. 그러므로 상장례는 주로 이 죽지않는 영혼에 대하여 애도하고 시신을 염하고 처리하며 제사를 지내고 장례를 지낸다.

1. 영혼 관념과 상례

중국의 운남·사천·귀주 일대에 살고 있는 민족들의 영혼 관념은 극히 다양하다. 이들 민족들은 모두 사람은 죽어도 그 영혼은 조상신이나 혹은 귀신의 형태로 존재한다고 여긴다. 그러므로 영혼에 대한 처리에 따라 현세에 남아 있는 사람들의 화복에 큰 영향을 끼칠 수 있으므로 상례에는 다양한 의례를 통하여 이 불멸의 영혼에 대한 처리를 하고 있다.

징퍼족(景頗族)은 남자는 6개, 여자는 7개의 영혼이 있으며, 3개의 혼은 산 사람에게 붙어 있는 혼이고 나머지는 사후의 망혼으로 수시로 새로운 사람이나 동물에 붙는 영혼이라고 한다. 두룽족(獨龍族)에게는 푸라(卜拉)과 아시(阿細)라 부르는 두 개의 영혼이 있다. 푸라는 산 사람의 체내에서 살아 있는 혼이며, 이 혼이 죽으면 사람은 사망하게 된다. 아시는 망혼으로 인간에게는 무익하므로 잃어버려도 되고 필요하면 죽여도 된다고 여긴다. 아창족(阿昌族)은 사람에게는 3개의 영혼이 있으며, 사후에 한 영혼은 집에 남아 있고, 한 혼은 묘지에 다른 한 혼은 숲속을 떠돈다고 한다.[1] 이중 두룽족만이 특이하게도 망자의 혼은 몇 대가 지나면 자연적으로 소멸하거나 죽는다고 한다.

이족은 사람에게는 세 개의 영혼이 있으며 이 영혼은 죽은 뒤에 서로 각기 돌아갈 곳이 있다고 여긴다. 이 삼혼(三魂)설은 지역에 따라 약간의 차이를 보이고 있으나 기본적인 귀숙지점은 비슷하다. 사천 양산(涼山)의 《지로경(指路經)》중에는 사람이 죽으면 세 개의 혼이 있으며 "이중 총명한 혼인 나이(那依)는 조상이 살고 있는 곳으로 돌아가고, 우둔한 혼인 나거(那格)는 화장터를 지키며, 총명하지도 않고 우둔하지도 않은 나쥐(那居)는 바람을 따라 돌아다닌다"[2]고 한다. 그러므로 상례에서도 이들 혼에 대한 처리가 각기 달라지게 된다. 이들에 대한 처리가 잘못되면 영혼이 떠돌게 되어 현세에 남아 있는 사람들에게 재앙을 미치므로 안령제(安靈祭)와 송령제(送靈祭)는 물론 때마다 제사를 지내야 한다.

운남 금평(金平)의 다이족[傣族]에게는 30명, 40혼이란 설이 널리 퍼져 있다. 사람이 병이 들거나 꿈을 꾸거나 놀라면 영혼이 신체 밖으로 벗어 나간 것이기 때문에 이런 상황이 발생하면 혼을 불러들여야

---

1) 楊學政,《原始宗敎論》雲南人民出版社, 1991, p.40-42.
2) 巴莫阿依著,《彝族祖靈信仰硏究》, 四川民族出版社, 1994, p.7.

한다. 또 사람이 죽은 영혼은 귀혼으로 변한다. 이 귀혼은 시체에 미련이 남아서 머뭇거리며 떠나려 하지 않는다. 그러므로 살아 있는 사람들은 상장 의식과 제사 등으로 사자의 시신을 잘 안치하고 이들의 위패를 잘 받들어야 한다. 그렇지 않으면 산자의 행복과 평온, 농작물의 수확 내지는 전 가족과 모든 촌채의 흥쇠에 영향을 미치게 된다.[3]

이들 영혼은 사후에 조상신으로 변하여 후손에게 복을 줄 수 도 있고 또는 귀령으로 변하여 화와 재앙을 가져다 줄 수도 있다. 신과 귀신의 구분은 사망의 성질에 따라 나눠진다. "신과 귀신이 되는 분수령은 사자가 어떻게 죽었느냐에 따른다. 정상적으로 사망하면 조상신의 범위에 들어가며, 만일 흉사면 귀신의 범위에 들어간다. 이 점은 각 민족 중에서 그 해답을 찾을 수 있다."[4] 지금도 많은 민족 중에는 흉사와 길사(吉死)로 선령과 악령을 구분하며 신과 귀신으로 변하는 표준으로 삼는다. 선령은 조상신으로 변하여 후손에게 복을 가져다 줄 수 있고, 악령은 귀신으로 변하여 화를 가져다 줄 수 있으므로 영혼에 대한 처리는 상례에서 가장 중요한 위치를 차지하고 있다. 그러나 길사(吉死)라 해도 장례에서 장중한 제사와 풍성한 제물을 갖춰 영혼을 위로하고 인도하여 조상이 살고 있는 곳으로 돌려보내야 한다. 흉사도 갖가지 무술(巫術)과 주술로 사악함을 좇아내고 천도하면 선령으로 변할 수도 있다. 길사를 중심으로 상장무가 내포하고 있는 의미를 살펴보도록 한다.

이런 영혼관으로 인하여 상례는 어느 민족이나 절대 소홀히 할 수 없는 중요한 의례이다. 집안의 가족이 세상을 등지면 생사의 이별이

---

3) 和少英, 《逝者的慶典—雲南民族喪葬》, 雲南敎育出版社, 2000, p.93.
4) 宋兆麟, 《巫與巫術》, 四川民族出版社, p.122.

요 골육이 분리됨을 의미하므로 친지의 애통함은 방성대곡으로 발설되는 것이 장례 중에 흔히 볼 수 있는 광경이다. 이중에서도 중국 서남 지역의 많은 민족들에게는 자식이 있는 노인의 죽음인 길사에는 가무로 애도를 표현하면서 상례 중에 노래로 곡을 하고 모여서 춤을 추며 사자에 대한 애도와 동시에 기원을 한다. 망령이 조상의 발원지로 돌아가 선조들과 함께 만나는 것을 경하한다. 그러므로 상례는 영예로운 사자의 제전이 된다.

2. 안혼(安魂)과 오시(娛尸)

중국 소수민족의 상례도 한족과 별로 다르지 않다. 사람이 임종을 하면 상을 알리는 보상(報喪)과 세시(洗尸), 염습을 통하여 시신을 처리한다. 그리고 정빈(停殯)으로 조문으로 애도를 표현하며, 이 과정 중에는 사자의 망령을 지키는 수령(守靈)과 사악함을 물리치는 벽사(辟邪), 그리고 죽음이란 응당 가야 할 길이라고 위로하는 안혼(安魂) 등이 가무와 함께 진행된다. 발인과 함께 영혼의 길을 닦아 주는 개로(開路)와 영원한 안식처로 돌려 보내 주는 송혼(送魂) 등이 상장가무의 중요한 작용을 하고 있다. 이들 의례는 원시종교 중에서 뿌리 깊은 죽음의 의식을 구현하면서 또 다른 생의 시작을 의미한다. 육체를 벗어난 망령은 반드시 또 다른 한 존재로 계속 생활하면서 현세의 사람들에게 영향을 끼치고 있다는 생각이 여지없이 나타난다. 그러므로 망령을 초도하여 사자의 영혼으로 하여금 안식을 얻도록 해주며, 이들이 현세에 대한 미련을 버리고 갈 저승을 마련해 주고 있다. 이런 의례를 통하여 산자와 죽은자의 단절로 더 이상 산 사람들의 행복이 깨지지 않기를 바란다. 원시종교에서 더욱 관심을 갖는 것은 현세의 행복이지 내세가 아니다. 그러므로 상장의례를 거행하는 중요한 목적은 살아 있는 사람들을 위한 것이라고도 말할 수 있다. 사자의 영혼은 이미 초자연적인 힘을 갖고 있으므로 공경하면서도 두려움의 대상이 되었다. 혼령을 잘 대접하기 위해 제사를 지내 위로하고 춤과 노래로 즐겁게 해주기도 하니 이런 행위들이 문헌에서 나오는 오시(娛尸)이다. 또 영혼이 육체를 영원히 이탈하면 이 순간부터 인간과 귀신 사이의 경계가 모호해지면서 원귀나 사귀의 침입을 받을 위험성이 크게 된다. 이들 영혼을 보호하기 위하여 상장무가 추어지기도 한다.

상례는 친족과의 영원한 이별을 의미하며 서로 다른 세계로 공간이 나눠지는 장소이다. 육신과 영혼이 완전히 분리되어 죽음에 이르게 되고 이 영혼은 새로운 전환점에 서게 되는 곳이며, 이승과 저승의 경계가 나눠지는 성스러운 장소이다. 이곳에는 별리의 비통과 함께 경건하고 성스러움이 가득 찬 곳이기도 하다. 그러나 왕왕 여러 민족의 상례에는 밤새워 춤추고 노래하며 새 영혼을 위해 길 닦음을 하기도 하고 응당 가야할 길로 보내 주기도 한다. 이미 이 장소는 슬픔과 이별의 장소가 아니라 축제와 놀이의 장합이 되어 산자와 망자가 하나로 어우러지는 공간을 연출하고 있다. 사망은 생명의 종결을 의미하는 것이 아니라 새로운 생명으로의 전이이다.

명대(明代)의 다이족은 "부모가 돌아가시면 승려와 도사를 쓰지 않고 제사에는 부인들로 시신 앞에서 축(祝)을 한다. 친척과 이웃들이 각기 술과 물건을 들고 상가에 모여든다. 젊은이 수백 인이 모여 술을 마시고 노래하며 가무로 밤을 샌다. 이를 오시라 한다. 부인들은 모여서 절구공이를 치면서 놀이를 하고 수일이 지난 후에 사자를 장례 지낸다.[5]

죽음은 단순히 육체의 소멸만을 의미하며 영혼은 영원히 존재하므로 무당의 기도와 사람들의 가무와 연회로 놀고 즐기는 형식으로 영혼을 조상이 있는 곳으로 보내 준다. 누구든 거쳐야 할 통과의례이므로 과도한 슬픔보다는 떠나는 자를 보내는 환송의 자리가 되기도 한다. 절구공이나 나무 막대기는 춤의 반주를 맞추기 위해 사용할 수 있는 가장 원시적인 도구 중 하나이다.

워니(窩泥, 하니족)는 사람이 죽으면 조문을 온 사람은 머리에 꿩 깃을 꽂고 징과 북을 치고 방울을 흔들며, 술을 마시다 울다 하고 망인을 위하여 춤을 추는데 이를 세귀(洗鬼)라 한다. 이처럼 3일을 한 후에 시신을 태워 그 뼈를 장사지낸다. 장례 시에도 여전히 부채를 흔들고 돌며 노래하고 손뼉을 치고 발을 구르며 징·북과 노생으로 음악으로 삼는다.[6] 사람 몸에 새의 깃털로 장식하는 것은 고대 종교 예술에서도 흔히 등장하고 있다. 운남 청원(滄源)의 바위 그림에 나타나는 조인(鳥人) 등은 모두 사람의 영혼을 하늘로 돌려보내는 사자 역할을 하고 있다. 지금도 하니족(哈尼族)의 상장무인 종선무(棕扇舞)·백한무(白鵬舞) 등은 이런 원시적인 영혼관념이 그대로 이어져 내려오고 있다.[7]

운남 금평 묘족의 상례에는 사람이 죽은 날부터 북과 노생(蘆笙)을 불며 귀신을 즐겁게 한다. 주야로 끊이지 않으며 북은 몇 초에 한번씩 울리고 노생은 몇 분마다 한번씩 불며 매장하고 나서야 그친다.[8] 지

---

5) 錢古訓·李思總,《百夷傳》: 父母亡, 不用僧道, 祭則用婦人, 祝于尸前. 諸親戚隣人, 各持酒物于喪家, 聚少年百數人, 飮酒作樂, 歌舞達旦, 謂之娛尸. 婦人衆聚, 擊椎杵爲戲, 數日而死葬(施之華,《傣族巫舞考源》p.296 인용).

6)《滇志》卷30: 窩泥人死, 吊者頭插雉尾, 敲鑼鼓搖鈴. 忽泣忽飮, 爲亡人跳舞, 名曰洗鬼. 如此三日后焚尸骨葬時依然, 揮扇環歌, 拊掌踏足, 以鉦鼓蘆笙爲樂(楊德鈞著,《美與智慧的融集》, 云南人民出版社, p.48 인용).

7) 鄧啓耀,《宗敎美術意象》, 云南人民出版社, 1991, p.31.(棕扇舞 그림, 滄源崖畵 그림)

금도 금평의 묘족은 여전히 상례에 노생을 불고 북을 치며 춤을 춘다. 동시에 밤낮으로 여섯 번씩 귀신을 쫓아내는 구귀(驅鬼) 의식을 거행한다(낮과 밤에 세 번씩), 일반적으로 4인이 진행하며, 한 사람은 소뿔을 불고 한 사람은 횃불을 들고 한 사람은 활을 쏘는 모양을 하고, 다른 한 사람은 끊임없이 칼을 휘두르며 전투 자태를 취한다. 매번 귀신을 쫓는 4사람은 모두 사자를 9바퀴씩 도는데, 그 목적은 마귀가 찾아와 어지럽히지 못하기 위해서이다.[9]

귀주(貴州) 단채(丹寨)의 묘족은 장례 전 과정에 노생무(蘆笙舞)가 등장하고 있다. 이들은 장례에 3-4개의 음조가 다른 생황에다 7-8개의 길이가 서로 다른 망통(芒筒)을 더한 노생을 사용한다. 포(潑)라 하는 노생의 조직은 보통 15,6인으로 구성된다. 노생은 상례중에 조문과 송혼을 위한 빠질 수 없는 상례로, 사자에 대한 조문과 애도, 친지에 대한 안위와 문후를 표시한다. 또한 사자의 망령을 조상이 살고 있는 곳으로 인도해 주는 역할을 하기도 한다. 그러므로 사자는 명계로 가는 두려움과 고통을 감소할 수 있으므로, 안위를 얻을 수 있고, 친속들에게도 심리적인 위로를 준다. 망자의 조문에 노생대를 초빙하는 것은 최고의 부의로 상주는 물론 친우들도 노생대를 보내어 사자의 가는 길을 애도한다. 이 노생대는 비통과 애상에 젖은 상가의 분위기를 고조시켜 즐거운 축제의 장으로 만들어 준다. 청춘 남녀는 노생대의 음악에 맞춰 서로 얼굴에 숯검정을 칠하는 타화묘(打花猫)로 환락의 분위기를 고조시킨다.[10] 이미 애상의 분위기를 넘어 축제의 마

---

8) 《馬關縣志》: 苗人之喪葬, 自人死之時, 卽鼓吹蘆笙以樂鬼, 晝夜不停, 鼓間數秒一鼓, 笙間數分一吹, 直至埋葬而后已.

9) 《雲南苗族瑤族社會歷史調査》, 雲南民族出版社, 1982, p.62.

10) 陳若塵·戚家駒, 《蘆笙與喪葬》, 《民族世俗藝術研究》, 貴州民族出版社, 1993, p.128-132.

당이 되며, 청춘남녀들이 서로 교제하고 즐길 수 있는 장소로 변화하고 있다.

징포족(景頗族)은 상례에 조문을 온 사람들은 제사무용인 거빵무(格崩舞)를 춘다. 이 춤은 무도(舞刀)·개로(開路)·칸지(砍地)·소지(燒地)·점곡(點谷)·수확(收穫)·평지(平地)·입가(立架)·수렵(狩獵) 등의 생산과 생활에 관한 춤 동작들로 되어 있으며, 춤을 추며 상장가를 부른다. 이 춤을 통하여 망자의 일생과 사자에 대한 애도를 표현하며, 춤과 동시에 망자를 위로하는 상장가를 부른다.

> 먼저 가시더라도,
> 슬퍼하지 말고,
> 힘들어 마세요.
> 만물은 모두 죽게 마련이니,
> 별들도 떨어져 내리고,
> 해도 서산으로 진답니다.
> 달님도 산등성이로 내리고,
> 소도 나이 들면 뿔이 오그라들고,
> 나무도 오래되면 말라 죽게 마련,
> 어르신,
> 세상에 계실 적에 가르쳐 주신 일들 잊지 않을께요.
> 자손 후대가 당신을 찬양하고,
> 이름이 금처럼 빛을 발할테니,
> 다 하지 못하신 일 저희들이 이어받을께요.[11]

이처럼 망자에 대한 그리움과 양육의 은덕에 대한 감격을 표현하면서, 그 영혼이 조상이 있는 안식처로 가기를 축원한다. 또한 죽음은 자연의 규칙에 따른 것으로 받아들이며 과도한 슬픔을 표시하지 않고 있다.

이들 오시(娛尸)의 습속은 지금도 중국 서남의 여러 민족들 사이에 보편적으로 보이고 있다. 그러나 모든 상례에 해당되는 것이 아니라 대부분 자식을 둔 노인이 임종하였을 경우에나 오시의 풍속이 행해지고 있다. 한 사람이 죽으면 또 다른 생명으로 전화되며 다른 세계에서 또 다른 존재 방식으로 생활하게 된다. 그 세계는 근심도 걱정도 없으며 의식이 풍족한 극락 세계로 묘사되고 있다. 그러므로 정상적으로 사망한 영혼에게는 일반적으로 안위를 한다. 우선 먼저 망령에게 정신상의 위로를 하며 죽음은 고통스러운 것이 아니고 피할 수 없는 일이며 결코 불행이 아니라는 것을 알도록 해준다.

오시는 일반적으로 조문 온 문상객들과 친족을 중심으로 상장무가 진행된다. 안혼(安魂)에 부르는 만가(輓歌)나 춤에는 생과 사의 급격한 변화에 어쩔 줄 몰라 방황하는 사자의 영혼을 위로해 준다. 영원한 별리에 따른 친족의 이별과 세속에 대한 미련을 떨쳐 버리고 가벼운 마음으로 새로운 길로 떠나도록 해준다. 이중 먀오족[苗族]의 노생대는 상례나 축제 때 등장하는 예인 집단으로 서로 일이 있으면 도와 주거나 혹은 돈을 받고 놀아 주기도 하나, 대다수는 모두 그 민족 성원들 사이에 전승되어 내려오는 가무로 사자를 애도하면서 한 민족이라는 심리적인 공동체 의식을 갖도록 해주는 교육의 장소가 되기도 한다.

사람들은 현세에 비추어 사자가 가서 생활할 음계의 생활을 준비해

---

11) 楊知勇 · 秦家華 · 李子賢 編,《云南少數民族生葬誌》, 云南民族出版社, 1988, p.231-232.

주면서 망령으로 하여금 마음 놓고 안식을 취하도록 해준다. 장족(壯族)은 사자의 혼을 위로하는 춤이 있다. 이들은 노인이 죽은 후에는 영혼은 죽지 않으며 다른 한 세계로 가서 생전과 마찬가지로 생활한다고 여긴다. 그러므로 소가 필요하므로 송우완(送牛玩)을 추고 그릇이 필요하므로 완무(碗舞)를 춘다 말이 필요하며 지마무(紙馬舞)를 춘다.[12] 노래와 춤으로 사망의 비애를 누그러뜨려 산 사람들에게 과도하게 슬픔에 빠지지 않도록 하며, 망령으로 하여금 저승의 처지에 안주하여 음양 양계에 응당 있어야 할 질서를 깨지 않도록 한다.

3. 개로(開路)와 송혼(送魂)

사자의 망혼을 피안 세계로 보내는 것이 송혼이다. 중국 서남 지역의 민족들에게 피안의 세계는 천당이나 지옥과 같은 명확한 공간으로 자리 잡고 있지 않다. 망령이 가는 곳은 바로 자신들의 조상이 발원하여 생활했던 곳, 그 민족 최초의 씨족과 부락이 벌어나가면 살았던 곳이다. 사후에 망혼을 조상이 있는 곳으로 보내지 않으면, 이 망혼은 사방을 떠돌며 수시로 가족에게 해를 끼치는 유령과 악귀가 된다고 여긴다. 그러므로 조상이 살았던 곳, 지금도 선조들이 모여 살고 있는 곳으로 망혼을 돌려보내는 송혼은 상례에서 빠질 수 없는 중요한 의례이기도 하다.

길닦음은 망령을 조상들이 살고 있는 피안의 세계로 보내기 위하여 험난한 가시밭길을 고르고 음계와 양계의 공간이 타파되면서 주위에 몰려든 요괴로부터 망령을 보호하기 위한 것으로 보통 송혼과 함께

---

12) 俉炳培,《試論壯族民間舞蹈的性質與功能》,《民族藝術研究》.

이루어진다. 이들 제의는 친지들이 모여 망자를 위로하고 애도하는 오시의 상장무와는 달리 그 민족의 무가 주지하는 것이 보통이다.

징퍼족의 송혼 의식은 통상 그 민족의 무인 '동싸〔董薩〕'가 주관한다. 동싸는 초인적인 기억력으로 사자 가족의 족보와 그 족이 이주해 온 노선을 외우면서 사자의 영혼을 조상이 거주하는 곳으로 보낸다. 송혼과정중에는 진짜이짜이무〔金再再舞〕로 혼령을 보내면서 악귀들을 물리친다. 진짜이짜이무를 추는 사람은 귀신으로 분장하고, 송혼에 참가한 사람은 손에 잎이 달린 나뭇가지나 대나무 가지를 들고 언둬거챵무〔恩朵格强舞〕를 춘다. 노래와 춤이 무르익을 적에 옆 숲속에서 돌연히 전신 상하에 홍·백·흑 세 가지 색으로 전신을 칠하고 허리춤에 나뭇잎으로 꿰맨 짧은 치마를 두른 네 명의 대한이 뛰어나와 동작이 거칠고 분방한 진짜이짜이무를 춘다. 모든 춤은 이에 따라 치고 때리고 쫓고 쫓기는 동작이 이어진다.[13] 이들 춤사위는 망혼을 대신하여 가시밭길을 열고 악귀들을 물리쳐 조상의 발상지로 돌아가는 길의 장애물을 없애 주는 것이다. 무는 또 망혼이 돌아가야 할 길의 산천과 갈림길을 상세히 염송해 준다.

모계 사회인 머숴〔麼梭〕인의 한빠이무〔含擺舞〕는 개로무(開路舞)라는 뜻이다. 상사를 치르면서 반드시 이 춤으로 사자의 영혼을 위해 악귀를 물리치고 길을 닦는다는 뜻이다. 발상 전에 4인이나 8인이 머리에 대나무 투구를 쓰고 몸에는 갑옷을 걸치고 손에는 대도를 들고 발에는 장화를 신고 팔에는 작은 동령을 매고 영대 앞에서 방울을 울리며 칼을 휘두르며 춤을 춘다.[14] 사자를 위하여 일체의 요마와 귀신 물

---

13) 楊知勇·秦家華·李子賢 編, 《云南少數民族生葬誌》, 云南民族出版社, 1988, p.232-234.

14) 聶乾先, 《雲南少數民族儺舞簡介》, 《雲南儺戲文化論集》, 雲南人民出版社, 1994.

리친다는 것이다. 출상 전에는 세마 의식을 거행하여 사자의 영혼이 타고 갈 말을 준비한다. 그리고 이 말 앞에는 10여 명의 건장한 남자들이 갑주와 칼·창·궁노 등을 들고 춤을 추며 망령이 나아갈 길의 장애물을 제거한다.

화장이 끝난 후에 다바(達巴)는 망령을 인도하여 조상이 살고 있는 곳으로 보낸다. 지역마다 인도하는 송혼로는 각기 서로 다르나 모두 아주 구체적이다.

> 귀를 세워 자세히 들어 보소,
> 노잣돈도 두둑히 준비해 드리고,
> 살찌고 빠른말도 골라 놓았으니,
> 머뭇거리지 마시고 편히 가세요,
> 아카와에서 떠나 라주와[臘住窩]를 지나면,
> 거기는 우리와 같은 가족이 있는 곳……[15]

송혼은 이처럼 각 민족이 발원하여 이주했던 노선을 되돌아가는 길이므로 엄숙하고 경건하면서도 조금도 틀리지 않아야 한다. 그러므로 각 민족의 신화와 역사는 물론 제의에 정통한 무가 맡게 마련이다. 운남 벽강현(碧江縣) 리수족[傈僳族]은 출상전에 마쟈마[瑪甲瑪, 길닦음]의식을 거행한다. 무당인 비바[比扒]가 세 대의 활을 쏘면서 사자에게 "위와 아래의 두 길은 가지 말고, 가운데 길로 가세요, 가운데 길이 조상이 지나간 길이니, 서둘러 조상이 있는 그 곳으로 돌아가 함께 사시오"라고 한다.[16]

---

15) 楊學政著, 《原始宗教論》, 雲南人民出版社, 1991, p.176.

개로(開路)나 송혼(送魂)은 대다수가 그 민족의 신화와 역사를 잘 알고 있으며 전문적으로 제의를 주제하는 무가 그 중심에서 진행하는 경우가 대부분이다. 망령을 영원한 안식처로 돌려보내는 일은 조금이라도 틀려서는 안 되며, 이 과정은 사자는 물론 현세에 남아 있는 사람들에게도 중요한 영향을 미치고 있기 때문이다. 나시족은 동파(東巴)가 신로도(神路圖)를 펼쳐 놓고 송혼을 하며, 이족은 비머(畢摩)가 망령을 위해 지로경(指路經)을 외며 길을 알려 준다. 하니족은 사제인 베이마(貝瑪)가 조상의 옛 땅을 찾아갈 길을 알려 준다.

三. 상장가무에 보이는 생사 관념

1. 피안의 세계

중국 서남 지역 소수민족의 상장의례에서 볼 수 있듯이 삶과 죽음은 존재의 소멸이 아니라 사람의 생명이나 영혼이 다른 방식으로 존재한다는 전환점을 의미한다. 여기에서 존재의 변환을 설명해 주는 중요한 요소가 바로 이들이 지니고 있는 공간 개념이다. 이들 민족에게는 아직 사람이 살아온 결과에 따라서 천당과 지옥으로 구별되는 삼계의 개념은 명확하게 나타나지 않고 있다. 서구적인 이원론적 체계가 아니라 평면적이고 직선적인 음계와 양계로 구분되어지며, 이 경계도 민족에 따라서는 아직도 모호하고 몽롱하다.

아직 문명화되지 않은 민족일 수록 씨족이나 혈친 관념이 극히 중

---

16) 《傈僳族社會歷史調査》, 雲南人民出版社, 1981, p.103.

요한 문화구조를 이루고 있다. 친족의 사망은 가장 용이하게 감정의 파란을 일으키며, 가족과 민족 구성원의 감소는 쉽게 가족과 민족의 응집력을 불러일으키게 된다. 이런 심리적인 요인이 조상 숭배와 망자의 혼령을 조상에게 돌려보내는 종교 의식으로 끊임없이 강화되고 공고해진다. 이미 이들에게 이승과 저승은 이원화된 두 개의 공간이 아니라 하나로 연결되어 있다. 그러므로 죽어간 조상들이 살고 있는 곳으로 돌아가 헤어졌던 부모와 다시 모여서 현세와 같은 생활을 계속하게 된다. 그러므로 상례의 송혼가에는 이들 조상의 이주 경로와 역사가 등장하여 본 고향으로 인도해 주고 있다. 현세에 비추어 사자가 가서 생활할 음계의 생활을 준비해 주면서 망자로 하여금 마음 놓고 안식을 취하도록 해준다.

과거 현재 미래의 시간이 직선으로 한번 가면 돌아오지 않는 것이 아니라 순환되고 왕복하여 다시 감응할 수 있으며, 공간을 통하여 영혼이 서로 출입할 수 있을 뿐 아니라 사람과 만물도 생사의 전이를 통하여 무상이 오고 갈 수가 있게 되었다. 그러므로 종교적인 가무를 통하여 나타나는 원시 시공 관념은 일상적인 시공과는 다르다. 종교 악무와 이에 상응하는 종교 의식과 종교 관념을 통하여 실제 생활 영역을 초월하는 시공체계를 세우고 있다.[17] 씨족이 발원하여 생활했던 곳은 모호한 기억 속에서 풍요로운 낙원으로 기억되고 있으며, 여기에는 이미 헤어졌던 부모형제들이 모여 살고 있는 또 하나의 세상이다. 이곳은 시간과 공간을 넘어 생자와 사자가 교감할 수 있는 초월적인 시공이며, 이곳은 상장무와 송혼가 등의 예술 형식을 빌려서 표현되고 있다.

---

17) 周凱模著,《祭舞神樂》, 雲南人民出版社, 1992, p.25.

2. 모순된 감정의 조화와 합일

상장가무에서도 나타나듯 이들 민족이 죽음을 대하는 태도에는 인간의 모순적인 심리가 그대로 반영되고 있다. 사자에 대한 두려움은 사자와의 단절을 나타내는 의식이나 귀신을 몰아내고 삿된 것을 물리치는 무술적인 행위에서 살펴 볼 수가 있다. 또한 송혼으로 조상들과 합류하여 신의 위치에 올라서게 되는 초자연적인 힘에 대한 기구와 기복이다.

> 나시족의 송혼가에
> 님의 생명은 대나무처럼,
> 내년에 다시 여기에서 자라소서,
> 영원히 당신의 고향을 떠나지 마시고,
> 시시로 자신의 향친을 보우해 주시길.[18]

이라고 하여 현세에 살고 있는 사람들에 대한 기복이 강하게 나타나 있다. 또 더앙족[德昻族]은 망령을 추모하는 제사에서

> 오늘 헤어지면
> 너는 너,
> 나는 나.
> 집을 떠나신 뒤에는

---

18) 劉稚 · 秦榕, 《宗敎與民俗》, 云南人民出版社, 1991, p.47.

우리 후손 잘 먹고 잘 살게 해주시고,

벌일랑 주지 마세요.

우리 집안 세상에서,

하나같이 모두 잘 지내게 해주세요.[19]

라고 하여 두려움에 대한 단절과 복을 내려 주기 바라는 희망이 뒤섞여서 나타나고 있다.

망자에 대한 송혼과 초도는 물론 번잡한 제사를 통하여 상장의례를 거행하는 중요한 목적은 살아 있는 사람을 위해서이다. 사자의 영혼을 공경하면서도 두려워한다. 그러므로 망령이 복을 내려 주기를 바라면서도 또 해를 끼칠까 두려워한다.

사자의 영혼에게 복을 내리고 재앙을 면해 달라고 빈다. 사람들은 초자연적인 힘을 갖춘 영혼을 공경하면서 두려워하게 된다. 한편으로는 복을 내려 주기를 바라면서도 다른 한편으로는 해를 끼칠까봐 두려워한다. 더앙족은 붉은 실로 사자의 손가락과 발가락을 묶어 놓아, 그 영혼으로 하여금 다시 집으로 돌아와 집사람에게 해를 끼치지 못하도록 한다.[20] 망혼에 대한 두려움과 평안을 구하려고 회혼(回魂) 의식을 거행하기도 한다. 두룽족은 사자를 매장한 3일 후에는 영혼이 집으로 돌아온다고 한다. 그러므로 무당인 나무싸〔南木薩〕를 불러 집에서 다부(達布) 의식을 거행하여 혼령을 쫓아 보내며 말한다.

당신은 이미 돌아가셨어요.

---

19) 劉稚·秦榕,《宗教與民俗》, 云南人民出版社, 1991, p.46-47.
20)《崩龍族社會歷史調查》, 雲南人民出版社, 1981, p.41.

거몽(格蒙, 천신)이 있는 곳에서

오이처럼 떨어져 버렸어요.

여기는 당신이 사는 곳이 아니니,

그만 가세요.

고기와 밥을 모두 드렸으니,

집에 찾아와 어지럽히지 말고,

당신이 사는 아시머헤이〔망혼이 사는 곳〕로 돌아가,

사람들을 편히 살게 해주세요.[21]

만일 뒤에 집안에 불상사가 있으면 망혼이 또 돌아온 것이므로 다시 주육을 갖춰 바치고 집안사람이 나무 막대기로 무덤 주위와 집의 앞뒤를 때리면서 소리친다.

왜 또 돌아오셨나요?

게으르게 가시지 않고요,

먹고 마실 것을 전부 드렸으니 빨리 가세요.

아시머헤이 바로 당신이 살 곳.

이처럼 사자의 영혼을 기쁘게 하여 환심을 사는 것이나 경고와 위협도 모두 산 사람들의 이익을 생각해서 나온 것이라 할 수 있다.

죽음은 누구도 피할 수 없는 자연의 법칙이다. 모든 만물은 태어나면 반드시 죽게 마련이며, 세상 만물 모두 탄생과 흥망이 있게 마련이다. 누족(怒族)의 송혼사(送魂辭)에

---

21) 《獨龍族社會歷史綜合考察報告》第一集, p.106.

만사에는 흥쇠가 있고,

만물에는 생과 사가 있네.

개미도 생사가 있고,

메뚜기에도 흥쇠가 있으니,

죽는 사람은 당신 하나만이 아니고,

망자도 당신 하나만이 아니니,

즐겁게 가시오,

기쁘게 가시지요.

조상이 계신 곳으로,

할아버지가 계신 곳으로.[22]

이처럼 아주 낙관적이고 달관된 태도로 죽음을 보기에 상례도 노래로 곡을 대신하고 춤으로 제사를 지내면서 슬픔을 기탁하는 문화 풍토가 자리잡게 되었다. 하니족도 상례에는 모두 명절처럼 성장을 하고 웃고 춤추면서 사자와 고별을 한다. 길상과 행복을 상징하는 선자무(扇子舞)를 추며, 악작무(樂作舞)로 분위기를 고조시키며 노래한다.

멀리 있는 친구들과는 오래 함께 있지 못하였는데,

오늘은 산 속의 새들처럼 여기에 모였네.

죽어서 가는것도 살아 있는 것처럼 즐거우니,

나고 죽고 죽어 장사지내는 것,

본래가 인생의 자연스러운 법칙.[23]

22) 楊知勇 · 秦家華 · 李子賢, 《云南少數民族生葬誌》, 云南人民出版社, 1988, p.298.

23) 毛佑全 · 傅光宇 · 李期博, 《哈尼山鄕風情錄》, 四川民族出版社, 1993, p.241.

그러므로 이들의 상례에서는 비애와 환락이 하나로 어우러져 나타나게 된다.

3. 새로운 생명에 대한 기구(祈求)

종족의 번식에 대한 관심은 혈친의 사망으로 인하여 더욱 절박하게 변하게 된다. 상장의례 과정중에 후대의 증식에 대한 상징적인 행위와 실제적인 행위는 삶과 죽음 애도와 출생에 대한 기원이 긴밀하게 하나로 연결되어 있다. 하니족은 만가에서

> 백발이 창창한 할머니,
> 마음 놓고 가세요,
> 즐겁게 떠나세요,
> 큰 나무도 죽을 때가 있으나,
> 큰 나무 한그루 죽으면,
> 작은 나무들이 많이 자라나요.
> 세상의 노인이 세상을 뜨면,
> 한 무리 자손을 남겨 놓지요.
> 당신은 우리의 뿌리,
> 자손들이 영혼을 지키고,
> 자손들이 장례 치르지요.

라고 하여 자손의 번식에 대한 기원을 담고 있다. 또 관을 만들어 돌아온 후에 제관(祭棺) 의식을 거행한다. 이때 관 위에 남녀 생식기를 새긴 목우인을 놓고 양쪽에서 줄을 잡아당겨 성교 동작을 반복한

다.[24] 생식을 상징하는 동작은 물론 밤에는 머상무(莫傷舞)를 추며 많은 청춘남녀가 상가 집의 앞 뒤에서 노래와 춤을 추며 배우자를 선택하고 사랑을 속삭이며 밤새워 즐기며 논다.

그 민족의 생존과 발전을 위해서는 종족의 번식뿐만 아니라 물질 생활을 위한 풍요가 중대한 영향을 미치고 있다. 한해의 풍흉과 가축의 흥왕에도 조상신의 도움이 간절하게 필요하므로 상례에서뿐만 아니라 조상의 제사에서는 풍성한 제물과 다양한 의식으로 조상의 환심을 사려고 한다. 이런 기구와 바람이 상례 전반에 걸쳐 나타나고 있으며, 현세인의 행복을 위하여 망자의 귀숙에 모든 제례 의식이 집중적으로 표현되고 있다고 할 수 있다.

상장무에는 죽음에 대한 각 민족들의 특성이 잘 나타나 있다. 혼령에 대한 두려움과 우려로 인하여 생겨나는 불안은 안혼(安魂)을 통하여 망자의 영혼을 위안하며, 오시(娛尸)로는 사자의 환심을 사면서 영원한 이별의 슬픔을 새로운 생의 전환으로 여겨 가무로 이를 표현해내고 있다. 피안의 세계로 인도하는 길닦음과 송혼에는 망령을 보호하여 영원한 안식처로 돌려보내 준다. 이들이 가야할 천당이나 지옥 내세 등이 아니라 자기 민족의 조상들이 아득한 옛날에 이주해 온 발자취를 따라서 망령으로 하여금 자신의 조종들의 영혼과 함께 모여 생활하도록 하는 것이 가장 중요하고 빠질 수 없는 일이다.

두려움과 공경, 사랑과 죽음에 대한 혐오가 상례에서 중요한 자리를 차지하고 있으며, 민족마다 정도의 차이는 있으나 아직도 여전히 중요한 위치를 차지하고 있다. 여기에 초자연적인 힘을 갖고 있다고 여기는 망령에 대한 두려움, 친족에 대한 사랑과 그리움이 조화를 이

---

24) 楊知勇・秦家華・李子賢,《云南少數民族生葬誌》, 云南人民出版社, 1988, p.96.

루면서 상장에 대한 춤과 노래로 승화되고 있다. 망자를 보내면서 조상에 대한 그리움과 회념을 종교적인 예술 형식으로 승화시켜 표현하고 있으며, 이를 통해 서로가 자기 민족의 신화나 역사는 물론 우리는 하나라는 문화적 공동체를 형성할 수 있는 장소가 되기도 한다. 죽음을 자연적인 현상으로 받아들이는 생사관, 망령에 대한 두려움과 현세에 남아 있는 사람들의 행복에 대한 기구가 모순되어 나타나기도 한다. 또한 절주가 강렬한 무용은 망자에 대한 미련과 비애를 발설할 수 있도록 해준다. 또한 사자의 가족을 위로하며, 친족과 주민 사이에 응집력을 산생하게 해준다. 이들 의식과 가무는 사자에 대한 애도와 상가에 대한 위로를 나타내면서 선조의 미덕에 대한 감사와 사자가 피안의 세계로 가도록 환송하는 기원이 함께 섞여 있다.

상장무는 아직 다른 종교의 영향을 그리 깊게 받지 않은 민족 중에 두드러지며 이를 통하여 죽음에 대한 이들의 생사 관념을 살펴 볼 수가 있다. 이 안에 녹아 있는 의식은 동년기 인류의 죽음에 대한 의식의 한 단면을 살펴 볼 수 있는 중요한 단서가 될 뿐만 아니라, 우리 민속이나 종교 의례중에 나타나는 현상과 의식을 비교하여 볼 수 있는 실마리를 제시해 주고 있다.

제2장
탈에 나타난 종교적 의미

　중국에서는 국내 정치 상황으로 인하여 종교 연구가 극히 위축되었다가 1980년대에 들어오면서 문화에 관한 연구가 시작되었다. 중국의 탈은 종교적인 색채가 농후하였으므로 거의 연구되지 않다가 1980년대 후반에 들어서서 나희(儺戲)에 관한 연구가 시작되고 〈중국나희학연구회〉가 생기면서 본격적인 연구가 시작되었다. 이후에 거의 조사되지 않았던 중국 소수민족의 탈과 나희 등이 다양한 각도와 관점에서 연구되어 세상에 모습을 드러내게 되었다. 이후 짧은 기간에도 불구하고 나희학에는 각 민족의 나례, 나의, 나희에 관한 조사보고서, 비교 연구, 민족과 지역에 대한 연구는 물론 이전의 문헌자료 중심에서 고고 출토 유물과 암각화나 벽화 등 출토 자료를 인증하여 새로운 역사적 구성 등의 작업이 활발하게 진행되고 있다. 국내에서도 중국 나희에 관한 연구가 부분적으로 이루어지고 있으며, 이런 성과가 일부 소개되기도 하나 전모를 파악하기에는 부족한 점이 많이 있다. 그러므로 세세한 부분의 개념이나 용어 정립 등이 제대로 통일되지 않고 있으며, 탈의 분류나 영역에서도 국내의 가면 연구 영역에서는 찾아 볼 수 없는 현상들이 존재하고 있으므로 이에 대한 정리를 필요로 하고 있다.

중국 소수민족의 탈은 그 기능과 형태도 다양하며 민족이나 지역에 따라 특이성을 띠고 있으므로 하나로 개괄해 낸다는 것은 극히 난해한 작업이다. 그러나 탈의 기원과 발전에는 종교적인 신앙과 관념이 극히 중요한 부분을 차지하고 있으며, 민족과 지역에 따라 변화되어 복잡한 현상을 나타내고 있으나, 상대적인 보편성과 공통성을 찾아내는 작업을 필요로 하고 있다. 물질화 된 탈속에는 이를 사용하는 사람이나 민족의 종교성이 내재되어 있으므로, 이를 중심으로 저변에 깔려 있는 보편적인 신앙과 그 의미를 찾아보려고 한다.

一. 탈의 개념과 범위

탈은 원래 특별한 종교적인 의미로 사람의 용모를 변화시키는 수단으로 사용되었으며, 일반적으로 얼굴에 쓰거나 혹은 머리 전체에 덮어서서 인격에서 신격으로의 전환을 가져오고 있다. 이러한 특징으로 인하여 임반당(任半塘)은 탈을 '얼굴을 꾸미는 도구'라고 불렀다.[1] 이런 탈은 원시 신앙에서 시작하여 영혼과 신령에 대한 종교 관념과 의례 주술과 결합하여 발전되어 왔으며, 중국 각 민족의 서로 다른 문화 속에서 다원화된 문화 양상을 띠고 있다. 특히 중국에서는 민족마다 서로 다른 시간적 공간적인 환경 속에서 사회의 발전 과정에 차이가 있으므로, 나제에서 나희로 넘어가는 과도기에서 나희로의 형성기와

---

1) 任半塘,《唐戲弄》, 上海古籍出版社, 上册, 中國, 1984, p.285.

발전기의 역사적인 변화 과정에 따른 탈의 종교적 의미와 기능을 살펴볼 수가 있다.

　탈은 한자로는 면(面)·면구(面具)·가수(假首)·가두(假頭)·가면(假面)·대면(代面·大面) 등으로 표기하며, 민간에서는 검자(臉子)·면각(面殼)·귀검(鬼臉)·신두(神頭)·탐구(呑口) 등으로 부르기도 하였다. 우리말로는 탈·탈박·탈바가지·광대·초라니라 불려 왔으나 현재는 일반적으로 '탈'이라 통칭되고 있다. 중국에서는 탈을 통칭하여 면구(面具)라고 한다. 탈이란 말은 일반적으로 가면을 나타내는 우리나라 말로 중국에서 말하는 면구와는 용어와 개념상의 차이를 보일 수가 있다. 면구는 가면을 포괄하는 상위개념으로 국어사전에서 탈을 '얼굴을 감추거나 꾸미려고 종이·나무·흙 따위로 만들어 얼굴에 쓰는 물건'(한글학회 《우리말큰사전》)이라고 하여 일반적으로 가면을 지칭하는 것과는 차이를 보이고 있다. 면구 속에는 인면(人面)과 수면(獸面)으로 된 탈의 형태를 띤 면식과 면상을 포괄하고 있으며, 여기에 사자의 얼굴에 덮었던 면조가 더해지고 있다. 그러나 탈이 가지고 있는 종교적 주술적인 면에서 본다면 모두 탈의 범주와 유형에서 변화 발전되어 온 것이라고 볼 수 있다. 고복광(顧朴光)은 중국의 탈을 형태와 제작에 따라 '가면(假面)·가두(假頭)·면식(面飾)·면조(面罩)·면상(面像)'[2]의 5종류로 나누고 있다. 이 중 가면과 가두[3]는 사람이 얼굴에 쓰고 의례나 연희를 하는 전통적인 의미의 탈이라고 할 수 있다. 탈과 무(巫) 그리고 제사와 의례가 하나로 결합되어 종교적인 의식을 행하게 되므로 나제나 나의가 나오게 되고, 놀이나 연희성을 띠어 나희로 발전하게 된다. 나희에서 일반적으로 연구되는 탈의

---

2) 顧朴光, 《中國面具史》, 貴州民族出版社, 中國, 1996, p.6.

종류에는 가면과 가두와 같은 동적인 탈이 주요 대상이 된다고 할 수 있다. 탈을 착용하는 사람의 계층(巫 혹은 일반인) 변화에 따른 의미의 변화나 역할 등에 관한 비교 연구는 물론 각색(角色)의 전환으로 인한 종교적인 의미의 이동, 제의와의 상관성, 이를 표현해 내는 예술적인 동작과 음악이 결합되어 나타나는 복합적인 요인 속에서 탈이 갖고 있는 종교적인 의미를 추출해 낼 수가 있다.

면식(面飾)은 장식용으로나 벽사용으로 몸에 달고 다니는 소형의 탈로 사람 얼굴 형상, 혹은 짐승의 머리 모양을 실제 얼굴에 착용할 수 있는 탈과는 달리 작게 만들어 이를 몸에 차고 다니는 용도로 만들었다. 길이와 너비는 보통 2-8밀리미터쯤이고 윗부분 혹은 양쪽에 작은 구멍이 있어 끈으로 매기 편하게 만들어졌다. 조형은 인면과 수면으로 나눌 수 있으며 인면이 많은 편이다. 면식은 보통 자갈돌·옥돌·짐승 뼈·상아 등으로 제작하며 어떤 것은 도자기·청동·황금으로도 만든다. 일찍이 사천·감숙 등지에서 출토한 일부 신석기 시대의 면식 중 제일 빠른 것은 대략 6천 년 전의 것으로 짐작되며, 어떤 학자들은 원시인들이 몸을 보호하기 위하여 사용한 영물로서 주인이 생전에 몸에 지니고 다니던 호신부를 죽은 후 같이 매장한 것으로 추정하고 있다. 또 일부 학자들은 무당이 무술 의식을 진행할 때 사용된 종교물품으로서 무당이 죽은 후 같이 매장하여 무당이 또 다른 세

---

3) 清代 李調元의 《弄譜》 '鬼面條'에 '세속에서 얼굴 모양을 조각하여 입과 귀에 끈을 맨 것을 '귀면'이라 하며, 〈난릉왕〉에서는 이를 '가면'이라 하였다(世俗以刻畵一面, 系著于口耳者, 日: '鬼面' 《蘭陵王》 所謂之 '假面' 也). "네 면을 갖고 머리 전체를 덮는 것을 '套頭'라 하며, 〈西京賦〉에는 '假頭'라고 이른다."(《弄譜》: 四面具而全納其首者, 呼日 '套頭', 〈西京賦〉 所云之 '假頭' 也) 가면과 가두의 용도는 아주 다양하여 춤·희극·전쟁·구나·제사 및 여러 가지 민속 활동에서 모두 가면을 사용하여 분장을 한다. 역사상 가두는 다른 탈보다 출현 시기가 빠르다고 여겨지며, 商周 방상시가 귀신을 좇아내는 데 사용한 魌頭는 곰의 머리 형태로 만들어진 가두 종류였을 것이다.

상에서 계속 사용할 수 있도록 한 것이라고 생각한다.

　면조(面罩)는 죽은 사람의 얼굴에 덮는 탈로 '사면(死面)'이라고도 한다. 이 말은 국내에서 사용되지 않고 있으며, 사자의 얼굴에 씌우는 면조를 가면 혹은 마스크라 한다. 그러나 면조는 죽은 사람의 얼굴에 덮었던 가면으로 일반적인 가면과 용어상 혼동할 수 있으므로 잠시 면조라는 용어를 그대로 쓰도록 한다. 세계 많은 민족에게 죽은 사람의 얼굴에 면조를 덮는 풍습이 있다. 그 원인은 다음과 같은 다섯 가지로 귀납할 수 있다: 첫째, 죽은 자의 떠돌아다니는 영혼이 자신의 육체를 쉽게 알아볼 수 있어 방향을 잃고 갈 곳을 못 찾는 경우를 피하기 위해서이다. 둘째, 후세 사람들로 하여금 죽은 자의 생전의 위엄을 영원히 기억하게 하기 위해서이다. 셋째, 시체의 부식을 늦추어 시체를 보호하는 작용을 하기 위해서이다. 넷째, 죽은 자의 영혼이 인간에게 그냥 남아서 나쁜 일을 하는 것을 피하기 위해서이다. 다섯째, 죽은 자의 얼굴을 보호하여 죽은 자가 황천길로 가는 도중에 악령이 나타나 상해하는 것을 피하기 위해서이다. 첫째와 둘째의 원인으로 보면 면조는 보통 죽은 자 생전의 용모 그대로 제작된다.

　면상(面像)은 사당·신단(神壇)·문·묘실(墓室) 등에 걸어 놓거나 올려놓는 것으로 사람들이 제사드리는 신령으로 삼는다. 사당에 모셔지는 신상과는 형태를 달리하며 놓여지는 장소에 따라 서로 다른 기능을 하게 된다. 이러한 면상들은 복을 내려 주고 사악한 기운을 없애 주는 기능을 하며, 여러 짐승 얼굴 형상의 면상은 '탄구(呑口)'라고 부르기도 하는데 놓아두는 장소에 따라 '진묘탄구(鎭墓呑口)'와 '진택탄구(鎭宅呑口)'로 구분된다. 집안의 잡귀를 쫓는 탄구는 '천구(天口)'·'분구(噴口)'·'호두패(虎頭牌)'라고도 하며 문고리에 걸어 놓아 사악함을 피하고 잡귀들의 침입을 막기 위한 것이다.

이 셋은 형태와 의미 기능 등으로 보아 넓은 의미에서 면구라고 한다. 면식과 면상은 사람이 쓰는 탈이 아니며, 면조는 죽은 사람에게 사용되는 것이어서 형태와 기능은 탈의 갈래에서 변화되어 나온 것이나 가면과 가두와는 엄연한 차이가 존재한다. 이런 정적인 의미에서의 탈은 물질화된 한 물건이 아니라 그 자신이 갖고 있는 종교적인 의미로 인하여 단순한 탈 자체의 의미를 벗어나 새로운 생명력을 갖게 된다. 본고에서는 중국에서 면구로 분류하는 이 5종류를 탈의 범위로 보고 서로 대비하여 의미를 논하기로 한다.

탈의 기원에 대해서는 여러 요인들이 작용한다고 말하고 있다. "탈은 원시 인류의 수렵 활동·토템 숭배·부족 전쟁·주술 의식 등과 모두 밀접한 관계를 갖고 있다. 다시 말하자면, 위의 여러 가지 요소들이 탈이라는 인류 역사에서 가장 보편적이면서도 화려하고 다채로운 문화 현상을 공동으로 배태한 것이다."[4] 중국의 탈은 역사적인 변화 발전은 물론 공간적으로 중국 전역의 각 민족에 분포되어 있어 다양한 모습을 보이고 있으며, 재질로 봐도 가죽·돌·나무·동·철·금·종이 등은 물론 종려나무 잎·죽순 껍질·풀로 엮은 탈 등도 있어 자연에서 이용할 수 있는 다양한 재료를 사용하고 있다. 조형으로 보면 동물·귀신·영웅·세속 인물 등이 있으며 이를 더욱 세분할 수도 있다.[5] 잠가오(岑家梧)는 주로 탈의 기능과 그 밖의 요소를 참조로 하여 원시 민족 탈을 수렵탈·토템탈·악귀탈·의술탈·추도(追悼)탈·두개골탈·망령탈·전쟁탈·입회(入會)탈·기우(祈雨)탈·제사

---

4) 顧朴光, 《中國面具史》, 貴州民族出版社, 中國, 1996, p.15.
5) 朱狄는 탈의 조형 수법에 근거하여 근대 원시 부족의 탈을 초상형·변형형·상징형·구조형의 4가지로 나누고 있다(朱狄 《原始文化硏究》, 三聯書店 1988, p.505-506).

탈의 11가지로 분류하고 있다.[6] 현재 중국의 소수민족들이 사용하고 있는 탈을《중국소수민족면구(中國小數民族面具)》에서는 기능과 용도에 따라 다음과 같이 분류하고 있다. "샤먼이나 무의 굿에 사용되는 탈로는 탸오차오가이(跳曹盖)면구, 참면구, 사공(師公)면구, 나당(儺堂)면구가 있으며, 생명의례 탈로는 도계(度戒, 성년식)면구 혼례면구, 상례면구가 있다. 진택탈로는 탄구가 있고, 세시제사용 탈로는 초인가형(草人假形), 신년제사, 추수감사제면구, 상좌부(上座部) 불교 세시면구, 세시오락면구로 나누고, 희극 탈로는 취타이지(撮泰吉)면구, 사공희(師公戲)면구, 나당희(儺堂戲)면구, 양희(陽戲)면구, 지희(地戲)면구, 장희(藏戲)면구로 나누고 있다." 이런 분류는 학자들의 견해에 따라 약간씩의 차이가 있다.[7]

탈은 이처럼 의례와 주술·예술 등과 결합되어 다양하면서 복잡한 양상을 나타내고 있다. 중국은 지역마다 사회적 문화적인 환경에 따라 원시적인 무나(巫儺)나 나례에서부터 연희화된 나희까지 역사적인 발전 과정을 살펴 볼 수 있다. 탈은 의례와 여기에 참여하는 사람이 하나가 되어 그 성격과 의미를 드러내고 있으므로 종합적인 연구를 필요로 하고 있다. 또한 중국은 거의 모든 민족과 지역 속에서 나희가

---

6) 岑家梧,《圖騰藝術史》, 學林出版社, 中國, 1986, p.65.

7) 顧朴光은 수렵탈·전쟁탈·장례탈·구나(驅儺)탈·제사탈·춤탈·희극탈·진택(鎭宅)탈·장식탈 등으로 나누고(《中國面具史》, 貴州民族出版社, 1996), 錢茀는 탈의 기능에 따라 크게 실용적 탈과 예술용 탈로 나누었고 예술용 탈을 다시 동태적인 공연 탈과 정태적인 장식 탈로 나누고 있다(《什庅是儺》《民族藝術》, 1992년 제2기). 郭思九는 탈의 사용 방식과 표현 내용에 따라 예술 공연의 특징을 갖는 탈, 예술 공연의 특징을 갖추지 않은 탈, 민속 문화와 서로 결합된 풍속성 탈, 농경 문화와 서로 결합된 탈 등으로 나누고 있다(《儺戲與面具文化》《民族藝術》1991년 제3기). 郭淨은 문화 유형의 공간적 분포와 전승 상황에 근거하여 중국 탈을 藏面具·儺面具·百戲面具·彝族面具, 샤먼 面具의 5가지로 분류하고 있다(《中國面具文化》, 上海人民出版社, 1992년, p.246-247).

행해지고 있으며 표현되는 양상도 복잡하여 연구범위도 광범위하다.

二. 나(儺)와 탈―기원과 변화 발전

  탈은 원시종교의 문화적인 토양 속에서 배태되어 나왔으며, 여기에
는 원시 무속과 밀접한 관계를 맺고 있다. 중국 각지의 많은 암각화에
는 당시 사람들의 생활과 종교 의식을 생동적으로 나타내 주고 있으
며, 종교적인 제례 의식, 원시인의 숭배 대상인 신령의 형상이 나타나
고 있다. 여기에는 사람 얼굴 형상과 짐승의 얼굴 형상이 발견되고 있
으며, 이중 일부는 신령의 형상이나 혹은 이를 형상화한 탈의 모습이
기도하다. 가면으로 분장을 하고 수렵·무용·전쟁과 제사를 지내는
원시 인류의 모습도 발견되고 있다. 개산림(蓋山林)은 "음산(陰山) 암
각화중의 인면(人(獸)面)은 한 가지 의미만을 내포하고 있는 것이 아
니라 아주 복잡한 문제를 나타내고 있다. 그 중에는 적어도 탈·천
신·조상신과 두개골 등이 들어 있다……"[8] "이들 인간의 머리와 유
사한 모습들이 표현해 내고 있는 의미는 여러 가지로 해석할 수 있다.
자연·조상·영웅·토템 등 원시종교의 숭배에 대한 의미를 포함하
고 있으며, 이와 서로 관련된 이면(劤面)·경면(黥面)·탈·문식 등의
습속을 포함하고 있다"[9]고 하여, 머리에 대한 숭배가 탈을 배태시킨
요소 중 하나라고 여기며, 사람 얼굴 모양의 탈을 만들어 사자의 얼굴
에 씌우는 사면이 나오게 된 이유라고도 하였다.《유양잡저(酉陽雜

---

  8) 蓋山林,《陰山岩畵》, 文物出版社, 中國, 1986.
  9) 陳育年·湯曉芳,〈古代北方草原通道上的賀蘭山岩畵及其與匈奴文化〉,《寧夏社
會科學》, 中國, 1992, 제4기.

俎)〉에 "기두(魌頭)는 죽은 자의 혼기(魂氣)를 보존하는 것이다"[10]라고 하였다. 머리는 사람의 정신이 깃들어 있는 곳으로 여겨 머리 숭배가 생겨나게 되었다. 《수서ㆍ동이전》에서는 "풍속에 산과 바다의 신을 섬김에 있어 술과 안주로 제사지냈다. 전쟁에서 사람을 죽이면 죽인 사람의 머리로 신에게 제사지냈다. 때로는 숲이 무성한 나무에다 작은 집을 짓거나, 혹은 해골을 나무 위에 걸어 놓고 화살로 그것을 쏘며 혹은 돌을 쌓거나 깃대에 매달아 신주로 여겼다. 왕의 거주지는 벽 아래에 해골이 많을수록 좋다"[11]고 하였다. 광로(曠露)《적아ㆍ제효조》에서는 "요인들은 서로 싸우고 죽여 아름다운 수염을 가진 자를 얻으면 그 얼굴을 베어 참대로 조롱을 만들어 그 안에 넣고 북을 치며 제사를 지내고 다투어 복을 청했다"[12]고 하였으며, 이는 현대까지 그 습속을 살펴볼 수 있는 와족(佤族)의 머리사냥과 맥을 같이하고 있다. 그러므로 신령이 깃든 얼굴 형상을 신으로 여겨 숭배하거나 혹은 이 것을 쓰고 신령으로 전환하여 종교의례를 행하였다는 사실을 추정할 수 있다. 그러므로 이런 형태의 탈 그림이 상징하고 있는 것은 바로 조상이고 신령의 화신이라 할 수 있다. 이들 원형 중 일부는 현실 세계의 추장이나 혹은 무당이 쓰고 있는 탈의 형상을 그렸을 가능성이 있다.

　탈은 대체로 신석기시대에는 이미 세상에 나왔을 것이다. 암각화는 지역별로 차이가 있으나 신석기시대부터 근대까지 내려오고 있으므

---

　10) 魌頭, 所以存亡者之魂氣也.

　11)《隋書ㆍ東夷傳》: 俗事山海之神, 祭以酒肴, 斗戰殺人, 便將所殺人祭其神. 或依茂樹起小屋, 或懸骷髏于樹上, 以箭射之, 或累石系幡以爲神主. 王之所居, 壁下多聚骷髏以爲佳.

　12) 曠露, 《赤雅ㆍ祭梟條》: 僚人相鬪殺, 得美髥者則剜其面, 籠之以竹, 鼓行而祭, 竟以邀福.

로, 이를 원시시대 탈의 원형을 살펴볼 수 있는 중요한 단서 중 하나라 할 수 있다. 신석기시대 고고 유물 속에서 발견된 탈의 실물은 극히 적다. 이는 탈을 만든 재료가 나무나 짐승 가죽과 같이 주위에서 손쉽게 구할 수 있는 물건이 대부분이었으므로 실물 자료로 남아 있는 것이 극히 적기 때문이다. 탈의 형상을 추정할 수 있는 것으로는 신상이나 면식 혹은 옥기 토기 등 유물 속에 사람이나 짐승 형상을 얼굴 문양이 있으며, 사람이 얼굴에 쓸 수 있는 크기의 인면 형상이 발견되고 있다. 이런 인면은 토기나 돌 옥등으로 되었으며, "소수의 대형 인면외에는 기본적으로 소형 인면이며 구멍이 뚫려 있어 찰 수 있도록 되어 있다."[13] 이것은 탈과 면식으로 종교의례나 혹은 신상이나 벽사용으로 사용되었다고 여겨진다.

　유물에 대한 실물 자료와 함께 문헌에서는 일반적으로 탈의 기원을 나에서 찾고 있다.[14] 왕국유(王國維)는 《고극각색고》에서 "탈이 흥한 지 오래되었다. 주관 방상씨는 손바닥에 곰의 가죽을 씌우고 황금사목이었는데 아마 탈의 시작인 듯하다"고 하였으며, 《사해》에서는 '가면' 조에서 "가면은 대개 《주례》에 방상씨가 황금사목으로 귀신을 쫓은 데서 기원한다"고 하였다. 나는 고대에 아주 성행했던 일종의 세시 무술 의식으로 그 목적은 역귀를 쫓아내고 복을 기원하며 재앙을 물리치기 위해서이다. 《주례 · 하관》에 "방상시는 곰 가죽을 뒤집어쓰고, 황금 사목에 검은 웃옷 붉은 치마를 입고 창을 들고 방패를 휘두르면서 1백여 명의 노예를 이끌고 때에 따라 나를 하면서 궁실을 수색하며 역귀를 몰아낸다"고 하였다. 주(注)에 "곰 가죽을 뒤집어 쓴

---

13) 宋兆麟, 《中國風俗通史—原始社會卷》, 上海文藝出版社, 中國, 2001, 11, p.529.
14) 王國維, 《古劇角色攷》: 面具之興古矣. 周官方相氏, 掌蒙熊皮, 黃金四目…似已爲面具之始.

것은 역귀를 놀라게 하려는 것으로 지금의 기두(魌頭)이다. 기두는 가두(假頭)와 같은 말이다. 그 글자는 기(魌·俱)로도 쓴다"[15]고 하였으며, 손이양(孫詒讓)《주례정의》에서 신자(愼子)에 말하기를 "왕장과 서시는 천하에서 지극히 아름답지만 이들이 피기를 걸치면 이를 보는 사람들이 모두 도망 갈 것이다"고 하였다. 대개 주나라 때는 방상이 곰가죽을 걸치고 황금사목인 것을 피기라고 말하며 한의 기두는 즉 주의 피기[16]라고 하였다. 《당서·예악지》에 "대나의 예는 ……그 한 사람이 방상시 탈에 황금사목을 하고 곰가죽을 뒤집어쓰며, 검은 위옷에 붉은 치마를 걸치고 오른손에는 방패를 들었다"[17]고 하였다. 단안절의 《악부잡록》에 "방상을 사용하는 4인은 관과 탈을 쓰고 황금으로 된 네 눈에 곰 가죽옷을 걸치고 창을 잡과 방패를 휘두르며 입으로는 '눠눠' 소리를 지르며 역귀를 쫓아낸다"고 하였다.[18] 나의 기원에 관해서 중국의 많은 학자들은 토템과 연결시켜 해석하고 있다.

나의 기원은 황제 씨족의 곰 토템 숭배에 있으며, 최초에는 본래 곰 씨족의 토템 춤이었으나, 뒤에 오면서 일반적인 귀신을 쫓는 춤으로 변하게 되었다.

나는 새로 백월(百越) 민족의 토템 신이다. 나문화는 새 토템을 신봉하는 민족의 토템 문화로 이는 중국 도작(稻作) 문화의 토템 문화이

---

15) 《周禮·夏官》: 方相氏掌蒙熊皮, 黃金四目, 玄衣朱裳, 執戈揚盾, 帥百隷而時儺, 以索室殿疫(冒熊皮者, 以惊疫癘之鬼, 如今魌頭也. 魌頭, 猶言假頭. 字亦作魌·俱).

16) 《周禮正義》: 愼子曰: '王嬙·西施, 天下之至姣也, 衣之以皮俱, 則見之者皆走也' 蓋周時謂方相所蒙熊皮黃金四目爲皮俱, 漢魌頭, 卽周之皮俱.

17) 《唐書·禮樂志》: 大儺之禮…其一人方相氏假面, 黃金四目, 蒙熊皮, 黑衣朱裳, 右執盾.

18) 段安節 《樂府雜錄》: 用方相四人, 戴冠及面具, 衣熊裘, 執戈揚盾, 口作儺儺之聲, 以除逐也.

19) 孫作云 《詩經與周代社會》, 中華書局, 1966, p.11.

다.[20]

나는 본래 서북의 귀융(鬼戎) 집단이 정신(睛神)이나 혹은 한발을 쫓아내어 비를 내리도록 하는 제사였으며, 원숭이 토템 신으로 분장하여 이화(異化)된 '방상'·방량(方良)을 몰아낸다.[21]

나는 다원 문화의 융합으로 옛날 강융(羌戎)의 호랑이 씨족이 호랑이를 토템으로 삼아 여귀를 쫓아내는 것이 나의 기원이다.[22]

나의 최초 활동은 인류 생식 활동의 유적이며, 나의 제사는 생식 숭배이고 나의 원형은 수컷의 남근이다.[23]

이는 나의 원형이라 할 수 있는 방상시의 형상이 곰의 모습을 한 기두를 뒤집어쓰고 구나(驅儺) 활동을 벌였다고 하여 황제의 토템과 결부하여 나온 해석에서 비롯되었다. 방상시는 탈을 쓰고 분장하여 역귀를 쫓아내기도 하고 상례에서 길을 열며 사자의 영혼을 보호하며 호송하기도 한다.

'구나'는 고대에 아주 성행했던 일종의 세시 무술 의식으로 그 목적은 역귀를 쫓아내고 복을 기원하며 재앙을 물리치기 위해서이다. 그것은 대략 원시 사회 말기에 기원하여 상주에 이르면 점차 고정된 제도로 형성되었다. 주대에서는 '구나'를 '예'의 범위로 넣어 매년마다 모두 정기적으로 성대한 '나제'를 거행하였다. 그 시간은 기후가 바뀌고 음기와 양기가 교체되는 계춘·중추·계동이었다. 앞의 두 차례는 단지 천자·대신·귀족들만이 참가할 수 있었으며, 뒤에 한 차

---

20) 林河 '百越民族是中國水稻文化與儺文化的創造者'(國際百越文化學術討論會論文).
21) 蕭兵 《儺蜡之風》, 江蘇人民出版社, 1992, p.7.
22) 唐楚臣 〈儺一多元文化的融合〉, 1994, 澄江 〈中國云南儺戲儺文化國際學術研討會〉 論文.
23) 譚衛寧 〈中國古儺的原型批評〉, 張子衛主編 《湘西儺文化之謎》, 湖南師範大學出版社, 1992, p.10.

례는 일반 백성도 지낼 수 있었다. 평소에도 사람들은 상스럽지 못한 화나 상사(喪事)를 당하게 되면 또 수시로 '나'를 거행하였다. 단지 규모가 작고 참가인원이 적을 따름이다.

《고금사류전서》: "옛날 전욱씨에게 세 아들이 있었는데 죽어서 역귀가 되었다. 하나는 강물 속에 살면서 익사귀가 되었고, 하나는 약수(若水)강에 살면서 망양역귀(罔兩魅鬼)가 되었으며, 하나는 사람의 집 구양(區陽)에 살면서 어린아이를 잘 놀래키는 작은 귀신이 되었다. 이리하여 한해의 12월이 되면 제사관에게 명하여 철에 따라 '나'를 하여 집안을 수색하여 역귀를 쫓아내었다."[24]

《사물기원》: "주나라 관리는 한 해가 마치면 방상씨에게 명하여 백성과 노예들을 이끌고 집을 수색하여 역귀를 쫓아냈으니 이것이 '구나'의 시작이다."[25]

《예기 · 월령》: 계춘에 '국나'를 명하였으며, 구문에서 책량의 제사로 봄의 기운을 마치도록 하였다. 중추에는 천자가 '나'를 행하여 가을의 기운이 오도록 하였다. 계동에는 유사를 명하여 '대나'를 행하고 방책으로 흙으로 만든 소를 보내어 한기를 내보낸다.[26]

《주례 · 점몽》: 점몽은 그 세시를 관장하여 천지의 회합을 살피고 음양의 기운을 판별한다. 일월성신으로 육몽의 길흉을 점친다. 하나는 정몽이고, 둘은 강몽, 셋은 사몽, 넷은 매몽, 다섯은 희몽이고 여섯은 구몽이다. 계동에 왕몽을 초빙하고 길몽을 왕에게 바치면 왕은

---

24) 《古今事類全書》: 昔顓頊氏有三子, 亡而爲疫鬼. 一居江水中爲溺鬼; 一居若水中爲罔兩魅鬼; 一居人宮室區陽中, 善惊小兒爲小鬼. 于是以歲十二月, 命祀官時儺, 以索室中而驅疫鬼焉.

25) 《事物紀原》: 周官歲終命方相氏率百隷索室驅疫以逐之, 則驅儺之始也.

26) 《禮記 · 月令》: 季春之月, 命國儺. 九門磔禳以畢春氣; 仲秋之月, 天子乃儺, 以達秋氣; 季冬之月, 命有司大儺, 旁磔, 出土牛以送寒氣.

절을 하고 이를 받는다. 이에 사방에 싹을 버리고 악몽을 보낸다. 마침내 '나'를 시작하도록 명하며 역귀를 몰아낸다.[27]

한대 이후에 '나제'의 규모는 나날이 확대되었으며 아울러 예의 성분이 증가되었으므로 일부 문헌에서는 또 그것을 '나의(儺儀)'·'나례(儺禮)'라고 불렀다.

한대 궁정나의 상황은 《후한서·예의지》에 상세히 기록되어 있다. 먼저 납일이 되면 대나를 하는데 이를 역병을 쫓는다고 말한다. 그 의례는 다음과 같다.

황문자제로 10살 이상 12살 이하에서 1백20인을 뽑아 이를 진자(侲子: 동자)로 삼는다. 붉은 머리싸개에 검은 옷을 입고 땡땡이를 잡는다. 방상씨는 황금사목에 곰가죽을 뒤집어쓰고 검은 웃옷에 붉은 치마를 걸치고 창을 잡고 방패를 휘두른다. 십이수는 털과 뿔이 있는 옷을 걸치고, 중황문으로 나가며, 이를 따르는 종자들이 활을 쏘면서 궁전 안에서 악귀를 쫓아낸다. 밤에 물시계에 물이 올라오면 신하가 조회를 한다. 시중·상서·어사·갈자·호분·우림낭장·집사가 모두 붉은 머리싸개를 하고 계단에 자리한다. 황제의 수레가 전각 앞으로 오면 황문령이 주청하여 말하기를 "진자가 준비되었으니, 역귀를 몰아내시기 바랍니다"라고 한다. 이에 중황문이 창하고 진자가 화답하여 말하기를 "갑작(甲作)은 흉를 잡아먹고, 불위는 호랑이를 잡아먹고, 웅백(雄伯)은 도깨비를 잡아먹으며, 등간(騰簡) 불상스러운 것을 잡아먹는다. 람제(攬諸)는 허물을 잡아먹고, 백기(伯奇)는 꿈을 잡아먹고, 강량(强梁)과 조명(祖明)은 책형을 당한 사람에 기생하는 것을

---

27) 《周禮·占夢》: 占夢, 掌其歲時觀天地之會, 辨陰陽之氣. 以日月星辰占六夢之吉凶. 一曰正夢, 二曰噩夢, 三曰思夢, 四曰寤夢, 五曰喜夢, 六曰懼夢. 季冬, 聘王夢, 獻吉夢于王, 王拜而受之, 乃舍萌于四方, 以贈惡夢. 遂令始儺, 驅疫.

잡아먹고, 위수(委隨)는 관(觀)을 먹고, 착단(錯斷)은 (巨)를 먹고, 궁기(窮奇)와 등근(騰根)은 모두 고(蠱)를 먹는다. 십이신(十二神)으로 하여금 악흉을 좇도록 하며, 너의 몸을 드러내게 하고 너의 등뼈를 잡아댕기고 너의 살을 마디마디 저미고, 너의 폐와 장을 뽑아내도록 한다. 네가 빨리 도망가지 않으면 뒤에 오는 것은 양식으로 삼으리라!" 그러면 방상씨로 분장한 12마리 짐승이 춤을 춘다. 환호하면서 앞뒤 성을 두루 세 번 다니고 횃불을 들고 역귀를 단문으로 몰아낸다. 문밖에는 기마를 몰아 횃불을 전하여 궁을 나서며, 사마는 궐문 문밖의 오영 기사에게 불을 전하여 낙수속에 버리도록 한다. 백관의 관부는 각기 나무로 만든 짐승탈을 만들어 놓고 나인사에게 주었다. 복숭아나무와 가시나무를 문에 세우고 울루가 갈대로 꼰 노를 든 그림을 부치고 집사가 계단에서 끝을 낸다. 갈대 창과 복숭아 지팡이를 공경·장군·특후·제후에게 하사한다.[28]

이처럼 상·주 때와 비교하면 한대의 '궁정나'는 아주 큰 변화가 생겼다. 규모가 커졌으며, 사람이 분장한 십이신수(十二神獸)가 증가되었다. 신수가 나의에 나타난 것은 결코 한대에서 시작된 것은 아니다. 호북 수현 뢰구둔에서 출토된 전국 초기의 증후을묘 내관 위에는

---

28) 《後漢書·禮儀志》: "先臘一日: 大儺, 謂之逐疫. 其儀: 選中黃門子弟十歲以上, 十二以下, 百二十人爲侲子, 皆赤幘皂製, 執大鼗. 方相氏黃金四目, 蒙熊皮, 玄衣朱裳, 執戈揚盾. 十二獸有衣毛角, 中黃門行之, 冗從仆射將之, 以逐惡鬼于禁中. 夜漏上水, 朝臣會, 侍中·尙書·御史·謁者·虎賁·羽林郞將, 執事皆赤幘, 陛位, 乘輿御前殿. 黃門令奏曰: '侲子備, 請逐疫.' 于是中黃門倡, 侲子和曰: '甲作食凶, 胇胃食虎, 雄伯食魅, 騰簡食不祥, 攬諸食咎, 伯奇食夢, 强梁·祖明共食磔死·寄生, 委隨食觀, 錯斷食巨, 窮奇·騰根共食蠱. 凡使十二神追惡凶, 赫女軀, 拉女干, 節解女肉, 抽女肺腸, 女不急去, 後者爲糧.' 因作方相與十二獸舞, 歡呼周遍, 前後省三過, 持炬火送疫出端門. 門外騎騎傳炬, 出官司馬闕門, 門外五營騎士傳火棄洛水中. 百官官府各以木面獸能爲儺人師訖, 設桃梗·郁壘·葦·畢, 執事陛者罷. 葦戟·桃杖以賜公卿·將軍·特侯·諸侯云."

창을 든 네 개의 양 머리를 한 신수(羊首神獸)가 그려져 있다. 그러나 그때의 '나의' 중에 신수가 얼마나 나오는지, 이름을 뭐라 부르는지는 지금 이미 알 수가 없다. 한대 십이신수의 원형에 대한 소병(蕭兵)의 고증에 의하면 '갑작(甲作)'은 신격화된 원숭이이고, '불위'는 비비원숭이이며, '웅백(雄伯)'은 호랑이 신이고, '등간(騰簡)'은 성성이나 큰곰이다. '람제(攬諸)'는 섬여이고, '백기(伯奇)'는 '백로(伯勞)'로 '격(鵙)'이라 부르는 맹금이다. '강량(强梁)'은 호랑이 신이고, '조명(祖明)'은 주작이며, '위수(委隨)'는 안경사와 같은 종류의 신사(神蛇)이다. '착단(錯斷)'은 '도올(檮杌)'일 것이며 일종의 호랑이 모양을 한 신수일 것이다. '궁기(窮奇)'는 괴이한 개이며, '등근(騰根)'은 등사(螣蛇)'[29]라고 한다.

이처럼 '탈을 쓰고 굿으로 신을 모시는 것〔面具跳神〕'이 나제이다. 원시종교의 사제가 신의 형상을 갖춘 탈을 쓰고 신으로 전환되어 귀신을 몰아내는 제사를 나제라 말하고 이후 예와 의례가 더해지면서 나례·나의라고 하였다. 여기에 탈을 쓴 무의 주술적인 동작이 상징적으로 형상화되어 춤으로 표현되면 나무가 된다. 무의 제사와 주술 등이 바탕이 된 무의 제사가 바탕이 되어 다시 탈의 성분이 더해지면서 나제로 변화한다고 볼 수 있다.

三. 탈과 무(巫)문화

탈과 원시종교가 결합하여 특정한 신이나 조령(祖靈)의 화신이 되

---

29) 蕭兵《儺蜡之風―長江流域宗敎戲劇文化》, 제5장 참조, 江蘇人民出版社, 1992.

어 재앙을 물리치기도 하고, 복을 내려 줄 수도 있는 신으로 변하게 된다. 여기에서 탈은 일반적인 물건이 아니라 신이나 조상의 상징으로 사람들이 모시고 기도하는 대상이 된다. 나희에서 탈을 착용하고 제의를 행하는 사람은 무와 일반인으로 나눌 수 있다. 무는 남북방의 차이에 따라 북방의 샤머니즘의 종교 사제를 샤먼이라 하고, 남방의 무교 사제를 무라 구분하기도 한다. 그러나 지역성 외에 이 둘 사이의 내용과 형식에는 차이가 없다고 보는 것이 일반적이다. 단지 현재 북방 민족 사이에는 나제의 흔적만이 남아 있으며, 남방 민족 사이에는 나문화가 성행 하므로 이 둘의 비교를 통하여 좀더 확실하게 문제에 접근할 수 있으므로 지역적인 변화 현상을 무와 샤먼으로 대비하여 보도록 한다.

1. 무 · 샤먼 · 시(尸)

《설문해자(設文解字)》에서 "무는 축이다. 여자로서 형체가 없는 것을 섬기며 춤으로 신을 내리게 한다. 격은 심신을 정갈하게 하고 신명을 섬길 수 있는 사람"[30]이라고 했으며, 갑골문 중의 무(巫)자는 무(舞)자와도 통했다. 그리하여 왕국유는 《송원희곡고》에서 "……고대의 무는 실제로 가무를 직책으로 하였으며, 음악으로 신과 인간을 기쁘게 하는 사람"[31]이라고 말했다. 무는 무술에 종사하는 사람으로, 이들은 신비한 의식과 춤으로 천지 귀신 등의 환심을 사고 복을 내리게 하거나, 이들이 내리는 재앙을 제거하기도 한다. 무는 고대 사회에서

---

30) 《設文解字》: 巫, 祝也, 女能事無形, 以舞降神者也. 覡, 能齋肅事神明也.

31) 王國維, 《宋元戲曲考》: 古代之巫, 實以歌舞爲職, 以樂神人者也.

신령과 통할 수 있는 능력을 독점하면서 사회의 발전을 주도하였다. 《예기 · 표기》에 "은나라 사람은 신을 받들었으며, 백성을 끌고 신을 섬겼다"고 하였다. 신권지상의 상대에서 무격(巫覡)은 국가의 정치생활 중에서 아주 중요한 지위를 차지하였으니, 유명한 대무(大巫) 함(咸)과 현(賢)은 모두 상왕을 도와 천하를 다스렸다. 당시 국가의 크고 작은 일들은 물론 정벌 · 전쟁 · 천상 · 기후 · 질병 · 역병은 모두 점복을 통하여 길흉을 예측하여 해야 할 일과 하지 말아야 할 일들을 결정하였다. 이들은 통치계층이나 이들을 돕는 상층부로서 문자와 역대의 기록, 천문 역법과 의료지식을 장악한 정신적인 지주 계층을 이루었다. 국가제도가 끊임없이 발전되고 공고해지면서 신권을 대표하는 무의 세력이 점차 약화되게 되었다. 은말(殷末)에서 주대(周代)에 이르러 지식이 누적되고 생산기술이 발전되면서 무의 직능도 점차 분화하게 된다. 무는 여전히 민간에서 유행하게 되고, 조정에서는 축(祝) · 복(卜) · 사(史) · 의(醫) 등으로 대체하게 되었다. 무의 일들이 많아지자 다시 여기에서 분화되고 전문화 되었다. 제후나 왕을 대신하여 상제에게 기도하여 고하는 사람을 '축'이라 하였다. '복'은 거북껍질이나 시초(蓍草)로 점을 쳐 하늘의 뜻을 점치고 상제의 의도를 예측하였다. '사' 혹은 '태사'는 무에서 분화되어 나와 왕과 제후의 언행은 물론 점성 역법과 축사 등을 기록하였다.

신도 사람처럼 칠정육욕과 희로애락을 지니고 있으므로, 신을 청하여 귀신을 만족시킬 수 있는 제물을 바치고 가무로서 귀신의 마음을 즐겁게 해준다. 왕일(王逸)의 《초사장구 · 구가서》에 "옛날 초나라 남영 땅 완상 사이에서는 그 풍속에 귀신을 믿고 즐겨 제사지냈다. 그 제사에는 반드시 노래 · 음악 · 북과 춤으로 여러 귀신을 즐겁게 하였다."[32] 가무에는 반드시 손과 발의 동작이 들어가게 된다. 이것은 신을 즐겁게 하기 위한 것이고, 또 감정을 표현하는 수단이다. 신을 청하여 모시기 전에는 무의 감정을 표현해 내고, 신령이 몸에 들어온 후에는 신의 의지를 표현해 낸다. 이런 동작 속에는 신의 힘을 드러내는 상징성을 지니고 있다. 무의 언어, 수세(手勢), 보법(步法)은 모두 신과 통하는 매개체이다. 그러므로 무무(巫舞)는 무격(巫覡) 활동의 중요한 내용이다. 다른 한편으로 "무무(巫舞) 자체가 바로 신의 화신으로 신령의 감정이 겉으로 드러난 형태이다. 춤으로 신령을 기쁘게 할 뿐 아니라 사람과 신의 관계를 소통시켜 주기도 한다. 그리고 어떤 춤은 그 자체가 바로 신령의 재현이다."[33] 그러므로 무는 춤으로 신을 섬기게 되며 탈을 쓰고 나례(儺禮)를 하며 추는 춤이 나무(儺舞)이며 이런 의식과 동작으로 법사를 행하여 주술적인 목적을 이루고 있다.

신령이 사람 몸에 내릴 때 빙의자에게 일어나는 인격 전환 현상은 대체로 두 가지로 나눌 수가 있다. 하나는 신령이 빙의할 때 명확하게 '실신 상태' 혹은 '이상 정신증상' 즉 학계에서 말하는 'Trance' 증상의 신령빙의자이고, 다른 하나는 'Trance' 증상을 볼 수 없는 신령빙의자이다. 이들은 일반적으로 가장이나 혹은 가면을 사용하며, 이를 통하여 신령이 빙의하였음을 표시하고 있다.[34] 그러므로 북방의 샤먼에게는 굿을 하면서 샤먼 자신이 서로 다른 신이 내릴 때마다 서로 다른 신의 성격을 띠고 주술을 행할 수 있으므로, 샤먼의 신복(神服)이나 신모(神帽), 신고(神鼓) 등에 있는 신우(神偶)와 면식(面飾) 등이 적시에 여러 신의 형태로 출현할 수 있도록 해준다. 그러나 남방 민족에

---

32) 《楚辭章句 · 九歌序》: 昔楚南郢之邑, 浣湘之間, 其俗信鬼而好祀. 其祀必作歌樂鼓舞以樂諸神.

33) 宋兆麟, 《中國風俗通史 · 原始社會卷》, 上海文藝出版社, 中國, 2001, p.512-513.

34) 黃强, 〈'尸'的遺風—民間祭祀儀禮中神靈憑依體的諸形態及其特徵(上)〉, 《民族藝術》, 中國, 1996, 제1기, p.3-4.

널리 행해지고 있는 나희에서는 신의 형상이 고정되어 있으며, 탈을 쓴 사람은 그 탈의 신령이 내렸다는 표시이므로 신의 종류에 따른 탈의 수량과 어느 규모 이상의 희반(戲班)을 필요로 하게 된다. 무사는 탈을 쓰면 곧 '망아(忘我)'의 경계에 들어가게 되어 신의 화신이나 대변인으로 된다. 이때 무사는 보통 인간을 대신하여 귀신에게 그들의 희망을 전달할 뿐만 아니라 귀신을 대신하여 신의 뜻을 보통 사람들에게 전달한다. 그리고 탈이 갖고 있는 '영력'을 빌려 사악함을 몰아내고 요마를 진압하는 거대한 힘을 얻게 된다.

주술 의식에서 탈은 사람과 신이 교통하는 도구와 매체로서 무당이 신과 서로 통하는 중요한 신기(神器) 중 하나였다. 신을 내리게 하는 능력이 결핍된 무당에게 있어서 탈은 더욱 없어서는 안 되는 존재이다. 형체가 없는 대상에게 제사를 지내면서 탈이나 신상처럼 신이 강림하여 흠향할 수 있는 대상을 필요로 하게 되었다. 고대 제사 중에서 입시(立尸)가 있어 산 사람으로 하여금 다른 사람의 제사를 받는 우상 역활을 하도록 하며 신명이 강림하여 몸에 내리도록 하였다. 그러므로 《에기(禮記)·교특생(郊特牲)》에 '시는 신상(尸, 神像也)'이라고 하였다. 신과 인간을 교통시켜 주는 매개체로서의 '시'는 제사 중에서 항상 탈·관면(冠冕)·우식(羽飾)·신의(神衣) 등으로 장식을 하고, 신령을 맞이하여 몸에 내리도록 하여 사람에서 신으로 전환하는 과정을 완성한다.[35] '시'의 출현은 탈의 사용 범위를 확대하였으며, 탈의 발전에 적극적인 추진 작용을 하였다. "탈이 '시'의 신을 상징하는 도구이며 법기"[36]라고 하며, 이는 고대 문헌 속과 현실 생활 속에서 그 근

---

35) 黃强, 〈尸與'神'的表演〉, 《中國與日本文化硏究》, 제1집, 中國大百科全書出版社, 中國, 1991.
36) 胡仲實, 〈廣西儺戲(師公戲)起源形成與發展問題之我見〉, 《民族硏究》, 1992, 제2기.

거를 찾을 수가 있다. 예를 들면 《예기》에 서주의 사제(蜡祭)에는 시와 축으로 고양이나 호랑이 모양으로 분장하여 공연한다 하였으니, 그 화장에는 고양이나 호랑이 모양의 탈을 쓰는 것을 포함하고 있다. 또 광서의 '사공희(師公戱)'는 원명을 '시공희(尸公戱)'라고 하며, 그 주지자인 '사공(師公)'은 고대의 '시(尸)'에서 변천되어 온 것이다. '사공'은 연출시에 일반적으로 모두 탈을 써야 된다. '입시(立尸)'의 제도는 상주에 아주 성행하였으며, '시'는 최초에 성씨가 같거나 혹은 성별이 같거나 혹은 특별한 신분을 가진 사람이 맡았으나, 뒤에 오면서는 점차 무격(巫覡)이 겸임하게 되었다. 연희화 된 나희에서는 일반 사람이 분장을 통하여 신으로 형상화 하고 노래와 춤으로 신의 역할을 연출하기도 하며, 이는 '시'와의 연관성을 찾아 볼 수가 있다.

이처럼 무와 샤먼 그리고 '시'의 사이에는 현상에서 탈과의 관계를 살펴보면 종교적인 의미와 무의 의미가 명료해질 수 있다. 남북방의 무의 속성에는 구체적인 제사 의식에서 기도 대상이 되는 신령이 어떤 형식으로 사람들 앞에 나타나 사람과 관계를 발생하느냐는 문제에서 그 차이를 살펴볼 수가 있다. 육안으로는 볼 수 없지만 확실히 존재하고 있다고 믿고 있는 신령이 현세에 나타나는 방식에는 두 종류가 있다. 하나는 형체가 있는 물체, 예를 들면 돌이나 수목 신상 등에 빙의하는 것이고, 다른 하나는 사람의 몸에 내리는 것이다. 특별한 징후를 통하여 신에게 선택된 사람에게 신이 접신하여 주술을 행하는 내림무 성격과 교육과 수련을 통하여 일정한 과정을 거쳐 무에 입문하는 세습무의 형식이 중국 민족에 두루 혼재해 있다. 이족의 무중에는 비머(畢摩)와 수니(蘇尼)가 있고 나시족(納西族)에는 동파(東巴)와 다파(達巴)가 있으며, 만주족에는 가제(家祭)샤먼과 야제(野祭)샤먼의 구분이 있다. 전자는 세습무의 성격을 띠고 있으며, 후자는 내림무의 성격을 띠고 있다. 나의를 행하는 단공(端公)과 사공(師公)은 민간 종교를 바탕으로 도교와 불교 등의 여러 종교가 혼합되어 형성된 민간 종교 조직의 사제 역할을 담당하고 있다. 이들이 종교 활동을 하면서는 어떤 성격의 무냐는 구분은 이들이 행하는 법기와 굿의 형태에 차이가 있게 마련이다.

2. 무와 탈의 결합

탈은 신령을 형상화한 것이므로 누구나 아무 장소에서 쓸 수 있는 물건이 아니었다. 탈을 쓰면 신격으로의 전환을 의미하며 이런 특이한 능력을 가진 사람들의 전유물로 사용되어 왔다. 탈과 무의 관계 더 나아가 탈을 쓰고 의례를 행하는 사람들과 탈은 특별한 의미를 갖게 된다. 나의를 주지하는 무는 지역과 민족에 따라 그 명칭이 달라 토노사(土老師)·나단사(儺壇師)·단공(端公) 등으로 불리며 이들은 나의를 통하여 치병과 소재·기자(祈子) 등의 재액의 소멸과 무재무난(無災無亂)을 기원하고 있다.

중국의 민간종교 현상을 논하면서 남방의 무문방의 샤머니즘을 탈을 쓰지 않고 맨 얼굴을 드러내는 나면(裸面) 문화라고도 말한다. 이는 탈을 사용하느냐에 따른 무와 샤먼의 구별에서 나왔다고 할 수가 있다. 무와 샤먼의 직능이나 문화 현상의 차이로 이 둘을 서로 다른 종교현상으로 보는 경향이 있다. 용어에 있어서 무와 샤먼은 혼용되기도 하고 통일되기도 한다. 우리와는 달리 중국 학계에서는 무교와 샤머니즘을 달리 설명하고 있다. 한국 학계에서는 두 용어를 일반적으로 무속·무교·샤머니즘 등으로 사용하며 모두 샤먼 혹은 무당을 중심으로 한 종교 현상을 가리키는 것으로 이해하는 데 큰 이견이 없다. 그러나 중국 학자들의 인식은 무속과 샤머니즘이 원시종교에 속하는 것으로 본다. 여기서 샤머니즘이란 서방의 샤머니즘 연구 전통과 결부하여 중국 북방 몇 민족의 전통 종교를 중국식으로 지칭한 것이고 남방 소수민족의 무교는 한족 고래의 무교 전통에 따라 그렇게 부른 것이다. 그래서 샤머니즘의 종교사제를 샤먼이라 하고 무교의 종교사제를 '무' 또는 '무사' 등으로 부른다. 북방과 남방이라는 지역성 외에 샤머니즘과 무교 사이에 내용이나 형식의 차이는 없다고 보는 것이 일반적인 견해이다.

중국 각 지역과 민에서 샤먼이나 무들은 초기에 모두 탈을 보편적으로 사용하였으며, 이는 역사적 문헌과 출토된 문물들이 이점을 증명하고 있다. 《노정사실》에 "북쪽 사람의 상장례는 대략 서로 다르다……. 오직 거란만이 특히 이와 다르다. 그 부귀한 집에서는 사람이 죽으면 칼로 배를 가르고 위장을 꺼내 이를 씻는다. 향야과 소금 명반으로 채우고 오색 실로 이를 꿰멘다. 또 뾰족한 갈대 대롱으로 피부를 찔러, 그 기름과 피를 모두 뽑아낸다. 금은으로 탈을 만들고 동 실로 그 수족을 씌운다"[37]고 하면서 요대 무덤에서 출토된 금은동으로 만들어진 면조(面罩)에 대한 설명을 하고 있으며, 이는 샤머니즘의 신앙에서 나온 것이라 할 수 있다. 근대이래로 요녕·내몽고·하북등의 요대(遼代) 무덤 속에서는 약간의 탈과 그물망이 출토되었다. 탈의 지질은 금·은·동의 3조이고 그물망의 재질은 동과 은 두 종류이다. 이밖에 요대의 거란인은 현실 생활속에서도 탈을 사용하였다. 예를 들면 샤먼 무당은 탈을 강신의 법기로 삼았다. 1972년 랴오닝성 차오

---

37) 《盧廷事實》: 北人喪葬之禮, 蓋有不同……惟契丹一種特有異焉. 其富貴之家, 人有亡者, 以刃破腹, 取其腸胃滌之, 實香藥鹽礬, 五采縫之; 又以尖葦筒刺于皮膚, 瀝其膏血且盡. 以金銀爲面具, 銅絲絡其手足.

양시(朝陽市) 첸창후촌[前窓戶村]의 요묘에서는 금으로 도금한 은제 허리 띠가 출토되었다. 4개의 정방형으로 되어 있으며, 정면에는 모두 연극하는 아이의 도안이 주조되어 있다. 세번째 허리띠 정면에는 3명의 아이가 있으며, 그 중에 하나는 오른손에 영전을 잡고 얼굴에 가면을 쓰고 있으며, 무릎을 굽혀 뛰어 오르는 모습을 하고 있다. '이 아이는 결코 놀이를 하는 것이 아니라 "바야흐로 샤먼이 굿을 하면서 시 내리는 기예를 배우는 것"[38]이라고 하였다. 세월이 흐르면서 일부 지역과 민족의 무들은 점차 탈 대신에 신의(神衣)·신고(神鼓)·동경(銅鏡)·신편(神鞭)·사도(司刀) 등을 신과 통하는 법기로 사용하게 되었으며, 탈은 점차 있어도 되고, 없어도 되는 존재가 되었다. 이러한 현상은 샤머니즘을 신봉하는 북방 민족에서 뚜렷하게 나타난다. 어떤 학자들은 이를 근거로 샤머니즘 문화가 '나면(裸面) 문화'에 속한다고 단언하는데, 이는 사실과 부합되지 않는다. 역사상 만주족(滿洲族)·몽골족(蒙古族)·허저족[赫哲族]·시버족[錫伯族]·오로촌족[鄂倫春族]·에벤키족[鄂溫克族]·다우르족[達斡邇族] 등 민족의 샤머니즘에서도 일찍이 모두 탈을 사용한 적이 있다. 근대에 와서도 탈은 이러한 민족에서 완전히 소실되지는 않았다. 예를 들면 북방의 몽고족(赤峰 일대)은 정월의 '하오더거친[好德格沁]'에서 사기를 몰아내고 재앙을 소멸하기기 위한 축도(祝禱) 활동을 하면서, 여섯 개의 배역으로 분장한 사람들이 집집마다 돌아다니며 노래하고 춤추면서 주인을 위해 길하고 상서로운 기운을 받아들이도록 축복한다. 16일 밤이 되면 마을 밖으로 나가 마음껏 춤추고 노래한 뒤에 쓰고 있던 탈을 화톳불 속에 태워 버려 신령을 떠났다는 것을 표시한다.[39] 에벤키족의

---

38) 杜曉帆,〈契丹族葬俗中的面具·网絡與薩滿敎的關係〉,《民族硏究》, 1986, 제7기.

무당은 사람의 병을 고칠 때 반드시 청동으로 만든 탈을 써야 했다. 굿이 끝난 후에 환자의 집에서는 무당의 청동 탈에게 양이나 말 한 마리를 바쳐 신령에게 감사를 드려야 했다. 내몽고 커얼친[科爾沁] 지역의 몽골족 무당은 아이가 없는 사람을 위해 애가 생기도록 굿을 하면서 '어얼버리(나비라는 뜻)'라 부르는 춤을 춘다. 이 춤은 6명 혹은 8명의 아이들이 아주 천진한 탈을 쓰고 역시 탈을 쓴 백발노인의 인도 하에 즐겁게 노는 춤을 춘다. 백발노인은 아이들을 보호하는 샤머니즘의 신령을 상징한다.[40]

우란제[烏蘭杰]는 샤먼들의 탈의 쇄락에 대해 다음과 같이 분석하고 있다. 신을 즐겁게 하는 노래와 춤이 흥왕하여 발달하면서 샤먼이 사용하는 탈은 더 이상 정서적으로 격앙되고 동작이 거친 춤에는 적합하지 않게 되었다. 그리하여 몽골 샤머니즘 무당들은 다음과 같은 두 가지 방법으로 탈을 개조하였다: 첫째, 나무로 깍거나 금속으로 만들었던 둔중한 탈을 가벼운 자작나무 껍질이나 가죽 탈로 바꿨으며, 뒤에는 이러한 탈을 또 이마 밑으로 늘어뜨리는 유소(流蘇)로 바꿨다. 둘째, 본래의 탈 형상을 상징성을 갖는 장식품으로 바꾸어 신모(神帽)의 꼭대기에 고정시켜 특성이 풍부한 의미를 갖는 모자의 장식으로 변하게 되었다.[41] 버췌잉[白翠英]은 수렵과 목축업이 혼합되어 발전한 초원 경제형태, 몽골 샤머니즘 자체의 특징, 민족의 성격과 심미관습, 샤머니즘 희극의 발전, 티베트 불교의 전래 등 5개 방면으로부터 몽골 샤머니즘 탈의 쇄락 원인을 해석하고 있다.[42] 샤먼 속에

39) 曲六乙, 〈中國各民族儺戲的分類·特徵及其 '活化石' 價値〉, 《戲劇藝術》, 中國, 1987, 4기 p.99.

40) 烏蘭杰, 《蒙古儺文化漫議》, 1991, 湖南 吉首의 〈中國少數民族國際學術討論會〉 논문 참조.

41) 上同.

서도 탈이 널리 사용했다는 흔적은 샤먼의 법기 속에서도 찾아볼 수 있다. 샤먼의 북이나 신안(神案), 북채 등에는 모두 신령의 형상이 채색으로 그려져 있거나 새겨져 있으며, 이들 법기는 모두 일정한 상징적인 의미를 지니고 있다. 이는 탈의 종교적인 기능이 다른 법기 속에 혼합되어 들어간 흔적이라고 할 수 있다. 최근에 만주족 샤먼의 탈에 관한 자료가 보고되고 있으며, 만족 샤먼은 "탈을 샤먼의 법기와 함께 공양하며 제사와 향화(香火)를 받고 있다. 윗대 샤먼의 윤허를 받아야 어린 샤먼이 탈을 착용할 수 있었으며, 샤먼이 죽으면 함께 수장하였다."[43] 이런 탈은 샤먼 외에 민간의 제사에도 사용되고 있으며, 이미 시대의 변화에 따라 중국에서는 동북 지역 샤먼의 탈들이 거의 소실되어가고 있지만 그 유풍을 찾아볼 수가 있으며, 탈이 샤먼의 신령을 대표하고 있다는 의미에서는 변함이 없다.

북방 샤머니즘 문화권에서 탈이 날로 쇠퇴되어 간 상황과는 반대로 중국 남쪽의 한족(漢族)·αidh족〔苗族〕·이족(彝族)·둥족〔洞族〕·좡족〔壯族〕·야오족〔瑤族〕·투쟈족〔土家族〕·부이족〔布依族〕·마오난족〔毛南族〕·기눠족〔基諾族〕·하니족〔哈尼族〕 등 민족의 무인 단공(端公)·사공(師公)·비머·도공(道公)·귀사(鬼師) 등은 오늘날까지도 무나(巫儺) 활동에서 탈을 사용하고 있다. 나의를 주지하는 토노사(土老師)나 나단사(儺壇師)는 북방의 샤먼과 마찬가지로 지역민들에게 존중을 받고 있으며, 치병(治病)과 소재(消災), 구자(求子), 장수의 기원 등에 이들을 청하여 법사를 하고 있다.

이런 나희는 두 유형으로 나눌 수 있다. 하나는 명절과 경사스런 날

---

42) 白萃英, 《蒙古薩滿面具談》, 《民族藝術》, 中國, 1992, 제3기.
43) 王松林·傅英仁, 《滿族面具新發現》, 時代文藝出版社, 中國, 2001, p.10.

에 공연하는 것으로 일반적으로 촌사나 혹은 가족을 단위로 하며, 연출자는 모두 보통 백성이었으며, 삿된 것을 물리치고 복을 받아들이기 위한 구사납길(驅邪納吉)과 신과 인간이 놀이마당에 어울려 즐기는 오인오신(娛人娛神)이었다. 다른 한 유형은 원주(願主) 집에서 공연하는 것으로 일반적으로 나단(儺壇)이나 나반(儺班)을 단위로 하며, 연출자는 대부분 전문적인 무당으로 귀신을 몰아내고 병을 치료하려고 신을 청하여 놀리고 복을 기원하는 충나수신(沖儺酬神)에 있다. 《계림군지》에 "질병이 있으면, 약을 복용하는 사람은 적으며, 전적으로 굿판을 벌리는데 명을 받은 무당 십수 명이 있으며, 이를 무사라 말한다. 제물을 잡고 술로 제사지내며 북을 치고 피리를 불면서 가면으로 여러 신을 분장하여 가무한다……"[44]고 하였으니, 이는 나를 통하여 치병을 하는 무의 영역에 속한다고 할 수 있다. 중국의 나희에서 나당희(儺堂戲), 사천·호남의 나희(儺戲), 운남의 단공희(端公戲)는 여전히 무사나(巫師儺)로서 종교적인 색채가 농후하다. 나당희는 나원희(儺愿戲)·나단희(儺壇戲)·단공희(端公戲)·귀검각희(鬼臉殼戲)라고도 하며 전직 혹은 반전직 무사들로 조직되어 있다. 모든 연출은 충나환원(沖儺還愿)을 중심으로 진행되며 종교색채가 아주 농후하다. 귀주·사천·호남·호북·운남의 한족·투쟈족·부이족·먀오족·야오족·둥족 등의 민족 토노사(土老師)가 정성을 다하여 나당의 신안을 배치한다. 도교, 불교 무계 계통의 신령들이 망라되고 있으며, 내단과 외단으로 구별된다, 내단은 충나환원의 각종 법사이고, 외단은 각종 오신오인의 절목으로 되어 있다. 나당희의 탈은 정신 흉신,

---

44) 《桂林郡志》: 凡有疾病, 少服藥, 專事跳鬼, 命巫十數, 謂之巫師. 殺牲酬酒, 擊鼓吹笛, 以假面具雜扮諸神歌舞……

세속인물로 되어 있다. 사천의 나희는 나원희 · 양희 · 단공희 · 사도희 · 재동희 · 제양희 · 나단희 · 경단 · 귀검각희 · 토지희 · 신희로 되어 있다. 종교 색채가 농후한 무사나이며, 도교의 영향이 극히 심하다. 호남의 나희는 한족 · 먀오족 · 둥족 · 야오족 · 투쟈족 등의 민족들에게 행해진다. 호남 나희는 모두 무가 연출하며, 무를 토노사라고 부른다. 투쟈족은 티마[梯瑪], 먀오족은 파다이[巴代]라고 부르며, 무의 조직을 당자(堂子) 혹은 단문(壇門)이라고 한다. 광서의 사공희와 호남의 나희는 시공희라고도 하며, 한족 · 좡족 · 야오족 · 먀오족 · 마오난족[毛南族] 등에서 행해지며, 도교의 영향이 강하다. 삼원파(三元派)와 모산파(茅山波)가 있으며, 수신환원(酬神還愿), 인축평안의 기구, 오곡풍성을 기원한다. 종교인인 사공이 이를 연출한다. 운남의 단공희는 박수를 단공이라 하고 여무를 사낭자(師娘子)라고 부른다. 각기 개인의 집에다 무당을 차려놓고 역귀를 쫓는 일을 하고 있다. 도문은 도교단공이라 하고, 불문은 불교단공이라고 한다. 음단은 상례의 제사 활동, 영혼의 송혼을 위한 지로(指路), 초도망혼 등이며, 양단은 재난을 물리치고, 귀신과 역신을 물리치며, 신을 청하여 복을 기원하고 인축의 평안과 풍년을 기원한다. 여기에는 나제, 나무 나희가 함께 교차 융합되어 있다.

四. 탈에 나타난 종교적 상징성

탈은 종교적인 의식에서 출발하여 오인오신의 연희적인 성격으로 변화해 가고 있으나, 여전히 많은 민족지 자료나 조사 중에서 탈이 갖고 있는 종교적인 의미와 이에 대한 사람들의 신앙과 의식 형태를 엿

볼 수 있다. 여기서는 탈놀이화 된 나희보다는 아직도 중국의 소수민족 사이에서 널리 유전되고 있는 신앙 형태에서 그 본질적인 의미를 정확하게 찾아볼 수가 있다.

탈은 신성을 담고 있으며 신의 형상을 본뜨고 있어 신상의 역할을 하고 있다. 탈의 출현은 신의 형상을 만들어 놓은 것이므로, 얼굴에 쓰고 신으로 분장하여 신이 되기도 하고, 신단에 모셔 놓고 신으로 받들기도 한다. 암각화에 나타난 탈의 형상은 고대 민족들이 숭배하던 신의 형상으로 여기에서 신을 경배하고 제사드리며 기원을 드렸던 신성한 장소, 즉 제단의 역할을 하고 있다. 탈을 쓰고 제의를 행하던 장면들도 이미 신격으로 전환된 신령을 의미하게 된다. 오로촌족의 산신인 '바이나차〔白那査〕'는 금수를 주재하는 신이다. 수렵 민족인 오로촌족은 특히 산신을 공경하고 있다. 이 산신의 형상은 나무 밑부분의 껍질을 벗기고 여기에다 사람 얼굴 형상을 그린다. 숯으로 오관을 그리고 입에는 짐승피를 칠하고 사냥을 갈 때나 혹은 사냥을 하고 돌아와 제물을 바치고 제사지낸다. 에벤키족의 탈로 '더리거딩〔德力格丁〕' 신은 노인의 형상으로 자작나무 껍질로 사람의 머리 형상을 만들고 오관을 그린 뒤에 아래에 수염을 붙인다. 이는 탈과 마찬가지로 신의 형상을 그린 신상의 성격을 지니고 있다고 말할 수 있다. 신의 형상을 나타내는 탈에는 대소 두 종류가 있다. 대형 탈은 일정한 건축물 위에 걸어 놓고 신으로서 숭배한다. '탄구'는 민간에서 문 위에 걸어 놓아 귀신을 좋아내는 진택과 벽사의 작용을 하고 있다. 문신의 역할을 하는 '탄구'는 그 기능이 부적과 비슷하며 악귀의 진입을 막고 집안을 지켜주는 역할을 하고 있다. 이런 신성과 종교적인 의미로 인하여 제작에서 개광에 이르기까지 각기 종교적인 의식이 행해지고 있으며, 이를 통하여 신으로의 신비성과 신성을 겸하게 된다. 티베트의 라마사에는 걸어 놓는 탈로 법왕·금강·승인·고루·조수 등이 있으며 이들은 모두 불법을 호위하는 신령이다. 이를 신전 안에 걸어 놓으면 어흉진사(御凶鎭寺)의 기능이 있을 뿐 아니라, 백성들이 공양하고 예배 드릴 수도 있다. 이렇게 걸어 놓는 탈은 탄구와 아주 흡사하나 종교 색채가 더욱더 농후하다. 소형의 탈은 비교적 큰 신상을 최소한으로 축소하여 몸에 차고 다니기 좋도록 만들어, 신령의 호신부나 인체 장식품으로 사용한 면식들이다. 이런 소형 탈은 윗부분이나 뒤에 구멍이 있어 차고 다닐 수 있도록 만들었다.

탈은 무당의 법기이자 도구이다. 무나 샤먼은 모두 주술 활동에 사용할 수 있는 법기들이 있으며, 탈도 이중 중요한 한 부분을 차지하고 있다. 탈은 신령의 상징이므로 무당이 탈을 쓰면 무당의 몸에 신령이 강신한 것으로 무당은 신령을 대표하게 된다. 그러므로 얼굴에 탈을 쓰면 신이 되고, 탈을 벗으면 인간이 된다. "원시인의 눈 속에서 탈은 결코 일종의 화장술이 아니라, 사람의 영혼을 또 다른 세계로 운송하는 운수도구이다. 그 자체가 바로 일종의 신물이어서 사람들이 쉽게 접촉할 수 있는 것이 아니다. 제례 중에 사용했던 탈을 성스러운 물건으로 받들며, 사람과 신의 두 세계를 소통해 주는 배로 여기며, 여기에 신고 있는 것은 어떤 물건이 아니라 사람의 영혼이다."[45] 탈은 사람과 신이 왕래 할 수 있는 도구이며 매개체이며 무사의 전용물이다. "탈의 상징적인 기능으로서, 하나는 탈의 전용성으로 하나의 구체적인 탈은 특정한 한 신령을 상징하고 있으며, 다른 하나는 탈의 통용성으로 한 탈은 선후로 서로 다른 신령을 상징하고 있다."[46] 무와 탈의 관

---

45) 朱狄, 《原始文化硏究》, 三聯書店, 中國, 1988, p.501-507.
46) 徐新健, 〈儺與鬼神世界〉, 《民間文學論壇》, 中國, 1089, 제3기, p.20-21.

계는 주술에서 중요한 기능을 하고 있으며 이는 무가 신과 서로 통하고 혹은 신격으로의 전환을 완성할 수 있는 법기로서의 역할을 하기 때문이다.

이처럼 탈은 신성을 지니고 있으므로 탈을 사용하거나 보존할 때 반드시 이에 상응하는 금기나 계율이 있게 마련이다. 위녕(威寧)의 이족 춰타이지(撮泰吉) 탈은 귀신과 조상의 화신으로 존경과 두려움을 나타낸다. 탈을 쓸 때는 외인이 보지 않도록 하며, 그렇지 않으면 화가 미친다고 한다. 배역의 본명을 부르지 않으며 단지 각색의 이름을 부른다. 본명을 부르면 혼백을 탈이 데려간다고 한다. 탈을 쓴 뒤에는 먼저 천지와 조상에게 제사 올리고 연출을 하며 그렇지 않으면 재난이 내린다고 한다. 탈은 신성한 물건이므로 무한한 신비성을 갖추고 있으므로 탈을 훼손하면 전 마을에 불행을 가져오게 된다. 나희 예인의 마음속에서 탈은 신령의 상징이며 체재이므로, 탈을 제작하고 사용하며 수장할 때 모두 일정한 제사 의식을 거행하여야만 한다. "개동(開洞)은 정희의 연출이 시작되면서 큰 키를 사용하여 위에다는 탈을 놓고 지전을 위에 덮고 장단사(掌壇師)가 청희(請戲)를 한다. 탈 하나마다 술을 한 잔씩 바치고 난 후에 탈을 공조(功曹)의 탁자 위에 놓는다. 청희시에 장단사는 입으로 신을 즐겁게 하는 주어를 왼다. 탈을 신의 화신이고 신의 얼굴로 여기기 때문에 연출자들은 극을 연출하기 전에 물을 찍어 부신(符信)을 그리고 참신(參神)을 하며 이를 장혼(藏魂)이라 부른다."[47] 탈을 제작한 후에는 '개광' 의식을 거행하고, 탈을 꺼낼 때는 '개상(開箱)' 의식을 거행하며, 탈을 수장할 때는 '봉상(封箱)' 의식을 거행한다. 강서 무원현 나희의 개상과 개봉 의식은 다

47) 庹修明, 〈黔東北儺戲群〉, 《民間文學論壇》, 中國, 1989, 제3기, p.33.

음과 같다. '개상'(또 '개주(開櫥)')은 먼저 탈이 가득 들어 있는 큰 궤짝을 종사(宗祠)의 당옥 앞에 놓고 분향하고 소지한 후에 전체 연원이 모두 무릎꿇고 절을 한다. 큰 궤짝 양옆에 나누어 서면 그 중에서 두 명의 장자가 각기 궤짝문의 한쪽에 서서 손가락으로 문고리를 잡고 서서히 궤짝을 연다. 사람들은 궤짝을 바로 대할 수 없으며, 그렇지 않으면 궤짝 안의 사기가 쏟아져 나오며 이에 부딪친 후에는 죽지 않으면 병이 난다. 개문시에 폭죽을 놀리며 징과 북을 치면서 '귀신을 좇고 신을 맞아들이는 것'을 보여 준다. 먼저 6개의 제후 탈을 꺼내어 탈을 쌌던 피지(皮紙)를 풀어내고 손으로 탈을 가볍게 한번 닦아대는데 이를 '세검(洗臉)'이라 한다. 깃털을 꼽고 집안 양편 조벽(照壁)에 나누어 건다. 다시 승상과 소귀 탈은 종이를 찢어 얼굴을 씻고 이너 나누어 건다. 이후에 여전히 위 방법에 의하여 궤짝 위층에 팔십대왕과 몽염장군 탈을 늘어놓고, 아래층에는 유랑보살(柳郞菩薩)과 야차선봉(夜叉先鋒) 탈을 늘어놓으며, 그 나머지 탈은 궤짝에 놓는다. 순서대로 꺼내며 걸어 놓는 위치에는 모두 엄격한 규정이 있으며 뒤엉켜 어지러울 수 없다. 최후에는 제사를 지내고 끝을 맺는다. 매년 연출이 끝나면 '봉상' 의식(또 '봉주'와 '수나'라고 부른다)을 거행하며, 이 방법은 비교적 간단하다. 모든 탈은 피지로 잘 쌓아 놓고 복장은 세탁하여 정결하게 다려 상자 안이나 궤짝에 넣어 놓고, 들어다 종사 안에 놓는다.[48] 이밖에도 갖가지 금기가 있으니, 예를 들면 여인은 탈에 접촉할 수 없으며, 더욱이 탈을 쓸 수 없다. 남자는 탈을 사용하기 수일 전에는 동방을 금지하며 탈을 쓴 후에는 신령이 이미 몸에 붙었다는 것을 표시하며 마음대로 말하거나 행동해서는 안 된다. 탈에

---

48) 楊浩 · 胡紅平, 〈贛東北婺源山區的 '舞鬼戲'〉, 《民俗》畵刊, 1989, 제7기.

대한 보존과 처리 금기나 습속은 탈에 대한 사람들의 종교적인 관념이나 태도를 잘 드러내 주고 있다.

탈은 신이나 귀신의 형상이며 혹은 조상신이므로 특수한 신성이나 영험을 지니고 있다. 탈은 쓴 사람은 실제로는 사자의 망령이며 조상이고 동물이 된다. 그러므로 종교 의식이나 제사에서 탈은 빠질 수 없는 물건이며, 사람들이 탈을 쓰면 신의 화신으로 변하게 된다. 또한 탈 그 자체가 신령의 형상으로 신상이 되어 경배의 대상이 되고 있다. 문위에 걸면 문신으로의 역할을 하고 무덤 속에서는 진묘의 신이 되어 무덤을 보호하게 되며, 몸에 차고 다니면 호신부로 벽사의 기능을 하게 되고, 제단에 올라가면 신상이 된다. 이처럼 탈의 대체, 전환 기능, 상징, 중개자의 작용, 관중과 배역, 무당을 이어 주는 교량, 배역의 전환 등을 통하여 신과 교통하고 신을 내리게 하여 종교적인 기능을 다할 수 있게 된다.

중국 내 소수민족 중에는 여전히 많은 민족들이 변경 지역에 살아오면서 자신의 원시 신앙과 전통을 보존하고 있는 민족들이 많이 있다. 이들 민족 속에 나타난 탈의 형상과 의미는 그 민족의 종교 관념을 그대로 표출하고 있으며, 이를 통하여 이미 연희화되어 그 신성이 퇴색되고 놀이화 된 나희속에 담긴 탈의 의미를 살펴볼 수가 있으며, 이를 통하여 본래 탈이 갖고 있는 의미를 추적할수 있다.

제3장
___
동북 지역 선사 시대 종교 예술에
나타난 신의 형상

    유사 이전 시대의 원시종교는 중국 문명과 중국 문화의 중요한 원천중 하나이다. 과거에는 중국의 특성상 이 분야에 대한 연구가 그리 활발하지 못하였으며, 1980년대 이후에 들어오면서 학자들이 주의를 돌리고 있는 부분중 하나이다. 그러나 아직도 초기 중국의 문명사에서 종교적 관념이 사회 체계와 조직 및 의례에 미친 영향에 대한 연구는 다방면에서 심도 있게 연구되어야 할 부분이며, 고고학과 민족학 · 종교학 · 역사학 · 미술고고학 등 학제 간의 종합적인 연구를 필요로 하고 있다. 그러나 이들의 종교 관념과 종교적 체험 · 감정 · 언어와 행위를 통한 의례 등은 이미 원시 인류의 소실에 따라 사라져 버렸으므로, 당시의 원시종교를 복원하려면 이들이 남겨놓은 물질화된 유물과 자취를 통하여 재구성할 수밖에 없으므로 고고학의 이론과 방법은 원시종교 연구에 있어서 중요한 작용을 하고 있다. 고고학에서 발굴한 원시 시대의 묘장 제도 · 종교 제사 장소 · 신상 · 영물 · 종교

예기·바위 그림 등은 이들의 종교 관념과 활동이 물질화되어 남겨 놓은 것이므로, 이를 통하여 원시종교의 기원과 발전을 추적해 볼 수 가 있다.

중화 민족과 그 문화의 내원에 관한 문제는 1980년대 들어와 고고학의 중대한 발견 이후로 학계에서는 이미 과거 황하 유역의 일원론을 버리고 다원론을 인정하게 되었으며, 수빙치(蘇秉琦)는 중국의 고대 문화를 6개의 구역으로 나누고 있다.[1] 이 6대 구역에는 각기 다른 지역적인 특색과 민족적인 특색이 나타나고 있으며 이런 문명과 문화의 다양성을 통하여 중국 문명의 기원과 발전 과정을 탐색하려고 한다. 중국은 각 지역의 서로 다른 지리적인 자연 환경과 사회 환경 속에서 각기 민족적인 특징을 띤 문화들이 서로 다양하게 발전되어 왔다. 중국의 자연적인 지리 환경은 '외부 세계와 상대적으로 격리되거나 혹은 반 격리된 상태'에서 중국 문화를 결정하게 되었으며, "아주 긴 시간 동안 모두 기본적으로 독립하여 발전되어 나가게 되었다."[2] 이 속에서 문화의 충돌과 융합이란 과정을 겪으면서 중국 문화의 골간을 형성하게 되었다. 이중에서 중국의 북방 지역인 고대 요서(遼西)

---

1) 蘇秉琦, 《中國文明起源新探》, 三聯書店, 1999.
蘇秉琦는 1981년 제5기 《文物》에 발표한 《關于考古學文化的區系類型問題》와 동년 제4기.
《史學史研究》에 발표한 《建國以來中國考古學的發展》이란 논문을 통하여 중국의 고고학 문화를 다음과 같이 六大區系로 나누고 있다.
  1. 燕山 남북의 장성 지대를 중심으로 하는 북방.
  2. 山東을 중심으로 삼는 동방.
  3. 關中(陝西). 晋南·豫西를 중심으로 하는 중원.
  4. 環太湖를 중심으로 하는 동남부.
  5. 環洞庭湖와 四川을 중심으로 하는 서남부.
  6. 鄱陽湖—珠江三角洲의 일선을 주축으로 하는 남방.
2) 嚴文明, 《中國史前文化的統一性與多樣性》, 《文物》, 1987, 3기.

지역은 본래 소수민족들이 활동하던 지역이었으나 새로운 고고발굴을 통하여 중국 문명사를 1,2천 년 앞당길 수 있는 문명의 중심으로 학계의 주목을 끌게 되었다. "요서는 우리나라 저명한 고문화구이다. 더욱이 지금부터 7000-4000년경에 요서지구를 주체로 한 연산 남북지구의 고문화는 중화 민족의 문화 기원과 문명 기원에 일찍부터 특별히 중요한 작용을 하고 있다."[3]

중국의 북방 지역은 중국 문명의 중요한 부분을 차지하고 있으며 또한 이 지역의 샤머니즘 문화 또한 중국 문명의 한 부분을 이루고 있으며 한국과 일본 등 주변국의 문화에 깊은 연원을 갖고 있다. 장광즈 〔張光直〕는 중국 고대 문명은 이른바 샤먼식의 문명이며 이것이 중국 고대 문명의 중요한 특징이라고 하였다.[4] 이중에서도 중국 북방 지역의 원시종교에 대한 연구는 북방 민족의 종교사나 각 민족의 역사를 연구하는 데 중요한 의의를 갖고 있으며, 이 속에서 종교 의식에 관한 형태와 숭배에 대한 오랜 관념과 습속에 대한 흔적을 찾아볼 수가 있고 이를 통하여 이 지역 문명에 대한 기원을 엿볼 수가 있다.

본 고에서는 지역을 한정하여 중국의 연산(燕山) 남북의 장성 지대를 중심으로 하는 북방 즉 고대 요서 지역을 중심으로 하고, 유사 이전 시대의 종교성을 띤 유물 중에서도 신의 형상과 관련된 부분을 통하

---

3) 郭大順, 《遼西古文化的新認識》, 《慶祝蘇秉琦考古五十五年論文集》, 文物出版社, 1989.
4) 張光直, 《考古學專題六講》, 文物出版社, 1986.
중국 고대 문명 중의 중대한 하나의 관념은 세계를 서로 다른 층차로 나누는 것이다. 그 중에서 중요한 것은 바로 하늘과 땅이다. 서로 다른 층차 사이의 관계는 엄밀하게 단절되어 있어서 피차 서로 왕래할 수 없는 것이 아니다. 중국 고대의 허다한 의식·종교 사상의 아주 중요한 임무는 바로 이런 세계관으로 서로 다른 층차 사이를 통하도록 하는 것이다. 이런 소통을 담당하는 인물이 바로 중국 고대의 무격(巫覡)이다. 다른 각도에서 본다면 중국 고대 문명은 이른바 샤먼식의 문명이며 이것이 중국 고대 문명의 중요한 특징이다.

여 종교 의식에 대한 형태를 파악하려고 한다.

一. 원시종교의 숭배 대상

종교의 숭배물인 신상은 원시종교가 발전하여 일정한 단계에 오른 뒤에 나타나고 있다. 중국에서 종교관념의 흔적을 찾아볼 수 있는 시기는 구석기시대로 북경 주구점(北京周口店)의 산정동인(山頂洞人) 유적이다. 산정동인은 18,000년 전에 북경 지역에서 활동하였으며, 짐승 뼈나 돌을 갈아서 장식품을 만들고 있어 이미 심미 관념이 있었다는 사실을 말해주고 있다. 산정동인의 유적지는 상실(上室)과 하실(下室)로 나누어져 있으며 상실에서는 사람이 거주하고 하실은 장지로 사자를 매장하고 있다. 사자의 시체 위와 주위에는 적철광석 분말을 뿌려 놓았으며, 사람이 죽으면 혈액이 응고하므로 똑같은 물질을 더하여 사자가 다른 세계에서 부활하기를 희망하고 있다.[5] 이 유적은 중국에서도 구석기시대 말기에는 적어도 이미 원시종교가 생겨났다고 할 수 있다.

원시인들은 자연과의 생존 속에서 점차 만물에는 모두 영혼이 있다는 생각을 갖게 되었다. 그리고 사람도 육신과 영혼으로 구성되어 있으며, 이 영혼은 사람이 살아 있을 때도 육체를 떠나 홀로 존재할 수가 있으며, 사람이 죽으면 영혼은 육체를 떠나 존재한다고 생각하게 되었다. 이런 만물유령(萬物有靈)의 관념이 원시인들로 하여금 자연력을 인격화하고 신격화시키도록 하는 중요한 원인이 되었다. 자연력

---

5) 呂遵諤,《山頂洞人》,《中國大百科全書·考古學》, 中國大百科全書出版社, 1986.

의 힘 앞에서 무기력하고 나약한 존재임을 느끼면서 사람들은 두려움과 경외의 대상인 자연력에게 인격과 의지를 부여하게 되었으며, 이런 인격과 의지를 갖게 된 자연력이 바로 최초의 신령에 대한 개념이라고 할 수 있다.

원시인의 추상적인 사유 능력이 끊임없이 발달하여 점차 원래는 모호했던 신령의 관념에서 더 나아가 볼 수도 있고 느낄 수도 있는 신의 형상으로 발전되었을 때, 물질을 사용하여 신의 형상을 만들어 내게 된다. 또한 신의 형상을 빚어 내고 조각해 내는 것은 예술의 범주에 속하며 또한 기술에 대한 문제이기도 하다.

신석기시대에 들어오면서부터 중국 각지에서는 원시 신앙에 바탕을 둔 예술품들로, 숭배의 대상인 신상·벽사 성격의 영물·의례를 행하기 위하여 만들어진 제기나 악기·채색 토기·토기에 새겨지거나 그려진 그림이나 부호 등 신앙이나 종교 관념에서 비롯되었다고 생각되어지는 원시종교 예술에 대한 많은 유물들이 출토되고 있다. 중국의 북방지역에서도 신상의 종류는 물론 재질과 기법도 아주 다양하게 찾아볼 수가 있다.

1. 인격화된 신상

중국에서는 구석기시대 말기와 신석기시대 초기에는 신의 형상이 출토된 적이 없었으며, 신석기시대 중기에 들어서면서 내몽고(內蒙古) 흥륭와(興隆洼)유적에서 석조(石雕)로 된 여신상이 출토되었다.

"1984년 내몽고 임서(林西) 서문 밖 흥륭와 문화 유적에서 두 건의 석조상이 출토되었다. 하나는 크고 하나는 작으며, 모두 화강암을 조각하여 만들어졌다. 큰 것은 높이가 67센티미터, 작은 것은 높이 40

센티미터이며 두 개가 대동소이하다. 공통점은 투박하며 여성으로 두 눈이 명확하며 입은 안으로 오목 들어가 있다. 코가 융기되었고 두 귀가 적으며, 복부가 돌출되었고 유방이 비교적 크다. 다른 점은 큰 것은 귀 부분이 명확하고 뚜 팔을 허리 부분에서 교차하고 있으며, 작은 것은 귀가 분명치 않고 두 팔은 위를 향해 구부리고 있으며 장식품을 차고 있다는 점이다. 둘 다 하지(下肢)가 보이지 않고 첨상체(尖狀体)이다."[6]

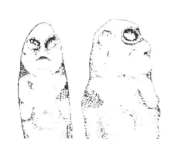

[그림 1] 興隆洼 文化의 女神像《中國文物報》

[그림 2] 灤平后台子 출토된 石雕女神像《文物》

---

6) 王剛, 《興隆洼文化石雕像人體像》, 《中國文物報》, 1993, 제47기.

1989년 내몽고 시라무룬하〔西拉木倫河〕 북쪽의 백음장한(白音長汗) 신석기시대 문화 유적지의 "F19 거주면 중앙에 원형으로 조각된 반신 석인상이 세워져 있었다. 높이는 30센티미터로 정수리 부분이 뾰족하게 솟아 있으며 이마 부분이 돌출하였다. 눈은 안으로 들어가 있고 입 부분은 앞으로 나와 있다. 돌에 따라 형태를 만들었으며 수법은 간단하고 명쾌하면서도 극히 신운이 있다. 이 석상은 모종의 원시 신앙과 관계가 있으며 동시에 진귀하게 볼 수 있는 예술품으로서의 가치를 지니고 있다."[7] 이 석인상은 임신한 나체 여신상으로 보고 있다. "이 석인상은 돌출되게 성기관을 표현하지 않고 있어 일목요연하게 그 성별을 파악 할 수는 없으나, 미미하게 융기된 복부는 도리어 임신한 부녀자의 특징을 구비하고 있다."[8]

1983년에서 1989년에 이르기까지 하북 난평(灤平)의 후대자(后台子) 신석기 문화 유적에서 6건의 석조 임부상이 출토되었다. 높이는 9.5에서 34센티미터로 휘록암을 조각하여 만들었다. 유방이 나와 있고 배가 불룩하며 둔부가 크다. 두 팔은 안으로 배를 감싸안고 있으며 두 다리는 무릎을 구부려 꿇어앉고 있고 아래는 원추형이다. 가장 작은 것은 6센티미터로 가부좌를 하고 손은 들어올린 상태이다.

이 유적지의 하가점 문화(夏家店文化) 상층에서 활석으로 만든 석인상 1건을 채집하였다. 가부좌에다 몸을 앞으로 기울이고 있으며, 미골 밖으로 눈이 밖으로 튀어 나와 있고 아래턱이 뾰족하다. 두 귀는 크며 허리가 아주 가늘고 등 뒤에는 다리형 고리가 있다.[9]

7) 郭治中・包青川・索秀芬, 《林西縣白音長汗遺址發掘述要》, 《內蒙古東部區考古學文化研究文集》, 海洋出版社, 1991.
8) 郭治中, 《論白音長汗發現的女神像及其崇拜性質》, 《青果集》, 吉林大學出版社, 1993.

[그림 3] 瀑平后台子 출토된 石雕女神像《文物》

1980년 내몽고 파림우기(巴林右旗) 나사대(那斯台) 유적지에서 석조

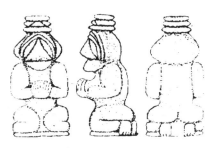

[그림 4] 內蒙古巴林右旗那斯台人神像
《考古》

각품 6건을 채집하거나 징집하였다. 석인조상 1건은 높이 19.4센티미터로 전체를 반들반들하게 갈았다. 머리 위는 삼층의 상륜(相輪形) 장식이며 윗부분은 평평하다. 두부는 마름모형에 가까우며 눈과 눈썹은 팔(八)자형으로 부조하였고, 입부분은 명확한 각흔이 없다. 양팔은 가슴 앞에서 합장상을 하고 있으며, 다리는 땅에 꿇어앉아 있고 나체에 맨발이며, 성별 특징이 없다. 다른 1건은 35.5센티미터로 꿇

---

9) 湯池,《試論瀑平后台子出土的石雕女神像》,《文物》, 1994, 5기.

어앉아 있는 형상으로 화강암으로 만들었다.[10]

이 중 흥륭와유적은 8000여 년 전으로 지금까지 중국에서 발견된 신상중 가장 연대가 오래 되었으며, 란평후대자 유적은 조보구 문화 (趙寶溝文化) 유형으로 지금부터 7000여 년 전으로 추정되고 있다. 이들은 모두 돌을 조각하여 만든 석인상으로 나체로 임부의 특징을 지니고 있으며, 어떤 것은 쪼그리고 앉아 출산하는 모습을 보이기도 한다. 특히 백음장한의 여신상은 주거지 가운데에 세워져 있으며 화덕을 바로보고 있어, 분명히 사람들이 실내에서 받들던 여신의 원 모습을 살펴 수가 있다.

요녕 객좌현(喀左縣)의 동산취(東山嘴) 홍산 문화(紅山文化) 유적에서 모두 20여 건의 잔결된 도소(陶塑) 인물상이 발견되었으며, 대다수가 사람의 몸 부분이다. 소형임부 소상은 2건으로 나체 입상으로 머리·팔이 잔결되었고 복부가 돌출되었다. 둔부가 비대하며 좌측 팔을 안으로 오므리고 왼손을 상복부에 대고 있으며, 음부를 표현한 기호가 있다. 잔고 높이가 5.8센티미터이다. 대형인물 좌상은 상·하신 각기 한편씩 발견되었다. 소조가 핍진하고 자연스러우며 크기는 사람 형상의 2/1에 해당한다.[11] 이 도소인상들은 원형의 제단 유적지에서 발굴된 것으로 이미 이 당시에 사람들이 모여 제사를 지내는 공공의 제단이 출현하였다는 것을 보여 주고 있다. 소형의 임부상이 나체에 음부를 표현하여 명확하게 여성의 출산과 생식이라는 특징을 표현해 주고 있는 반면에, 대형 좌상에는 의대류의 장식이 출토되고 있으므로 이 둘의 성격상의 차이를 보여 주고 있다.

---

10) 巴林右旗博物館, 《內蒙古巴林右旗那斯臺遺址調查》, 《考古》 1987, 6기.

11) 郭大順·張克擧, 《遼寧省喀左縣東山嘴紅山文化建築群址發掘刊報》, 《文物》, 1984, 11기.

[그림 5] 紅山文化의 여신상《文物》

1983년에서 1985년 사이에 발굴된 요녕 우하량(牛河梁) 홍산 문화는 여신묘를 중심으로 주위에는 적석총군이 배열되어 있으며 지금까지 발견된 것 중에서 가장 연대가 빠른 대형 제사 유적지로 여신들과 각종 동물 소상들의 잔편은 물론 정교한 옥기들이 출토되었다. 이 중 사람의 얼굴 크기와 같은 여신의 두상은 두 눈에 옥을 박아 넣었으며 조형이 생동적이고 핍진하여 마치 살아 있는 것 같다. 크고 작은 여신들이 군상을 이루고 있으며 주신의 크기는 사람의 3배 정도나 된다. 여신묘의 도소 인물상은 잔결되어 5,6개 개체로 나누어져 있으며 이들의 형체에는 대소와 노소의 구별이 있다. 혹은 팔을 뻗치기도 하였고 팔꿈치를 굽혀 주먹을 쥐기도 하였으며 다채로운 자태를 띄고 있어 마치 살아 있는 여신의 군상을 이루고 있다. 이 여신묘의 제사 대상으로 보면 이미 신격화된 사람의 소상도 있고 신화된 동물의 소상도 있다. 다만 사람의 형상인 여신이 제사의 주요한 대상이며, 동물은 사람에 부속되어 있다. 이런 여신은 신격화된 선조의 형상이다.[12]

12) 遼寧省文物考古研究所, 《遼寧牛河梁紅山文化 '女神廟' 與積石催群發掘簡報》, 《文物》, 1986, 8기.
　孫守道 · 郭大順, 《牛河梁紅山文化女神頭像的發現與硏究》, 《文物》, 1986, 8기.

2. 동물의 형상

인격화 된 형상 외에 각종 동물 형상도 출토되고 있다. 실용적인 기물에 사용된 형상 외에도 이런 동물의 형상은 몸에 찰 수 있도록 정교하게 만들어진 옥기나, 혹은 도소나 석조·골조·목조 등의 형태로 만들어지고 있다. 이런 동물 형상들이 갖고 있는 의미는 예술적인 심미관보다는 종교적인 용도로 쓰였었다고 보는 것이 일반적인 견해이다.

북경 평곡현(平谷縣)의 상택(上宅) 유적지에서는 영물의 성격을 지닌 도저두(陶猪頭), 석조후식(石雕猴飾)과 석악두상(石鸚頭像) 등과 제사에 사용된 기물로 여겨지는 조수형루공기(鳥首形鏤孔器)가 출토되었다.[13]

우하량여신묘에서 여신상과 동시에 출토된 동물 진흙상 잔건에는 이미 신화된 저수룡(猪首龍)의 머리와 대형 새의 발톱이 나왔으며, 부엉이 형상의 돌 장식은 조형이 작고 각획이 간단하다.[14]

소하연 문화(小河沿文化)에서 출토된 조형호

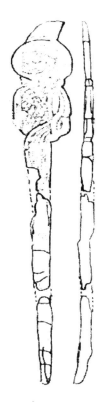

[그림 6] 木雕鳥形

13) 北京市文物研究所·北京市平谷縣文物管理所上宅考古隊, 《北京平谷上宅新石器時代遺址發掘簡報》, 《文物》, 1989, 8기.

14) 遼寧省文物考古研究所, 《遼寧牛河梁紅山文化 '女神廟' 與積石冢群發掘簡報》, 《文物》, 1986, 8기.

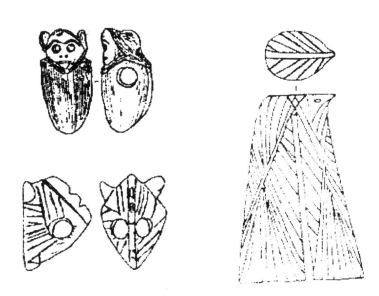

[그림 7] 宅獸形器物과 鳥首鏤空器《文物》

(鳥形壺)는 꼬리가 짧고 등이 비스듬하다. 머리를 들어 올리고 입을 벌리며 날개를 펴고 날아가려는 모습에다 꼬리 부분에는 7개의 작은 구멍이 있어 원래는 깃털을 꼽았던 것 같다. 머리위와 목 부분에는 세 갈래 띠 혹은 흑색 채대를 둥글게 그려있다. 오목 들어간 흑색 둥근 눈은 생동적이고도 핍진하다.[15]

흑룡강의 밀산 신개류(密山新開流)의 골조응수(骨雕鷹首)는 물수리가 목을 빼고 창공을 날며 사냥감을 찾는 생동적인 형상으로 조각하고 있다. 장기간 훈련시킨 물수리가 사람들을 도와 물고기를 잡는 모습을 반영하고 있다. 모서리에 물고기 모양을 조각하였으며, 간결하게 물고기가 나오는 형태를 그리고 있다.[16]

---

15) 李恭篤,《昭烏達盟石棚山考古新發現》,《文物》, 1982년 3월.
16) 黑龍江省文物考古工作隊,《密山縣新開流遺址》,《中國考古集成 · 東北卷 · 新石器時代(二)》, 北京出版社.

[그림 8] 趙寶溝文化刻畫麟龍紋陶尊

심양(沈陽)의 신악하층(新樂下層) 유적에서 새 형상의 목조물이 출토되었다. 길이 40센티미터, 넓이 4.5센티미터 납작하고 평평하며 양편의 문식은 기본적으로 서로 같다. 조형의 탄화된 목조예술품은 권장(權杖)과 흡사하며, 자루 윗부분의 조식 도안은 토템의 휘치일 것이다. 권장은 씨족수령이 씨족을 다스릴 적에 사용된 것이며, 새 토템의 씨족이었을 것이다.[17)]

내몽고의 오한기(敖漢旗) 소산(小山) 유적에서 출토된 도기 표면에는 돼지 형상의 머리·사슴의 머리와 새의 머리 등 영물 도상이 장식되어 있다. 문양을 만들적에 먼저 윤각선을 눌려서 그려 낸다음에 세밀하고 규칙적인 그물무늬를 넣었다. 단지 각 영물 중 돼지 머리의 어

---

17) 沈陽市文物管理辦公室·沈陽古宮博物館,《沈陽新樂遺址第二次發掘報告》,《考古學報》, 1985, 2기.

금니 사슴머리의 귀 중간 부분·위턱과 발꿈치 등은 광택면을 유지하고 있어 영물의 형상을 살아 있는 것처럼 생생하게 만들어 주고 있다. 돼지의 머리는 가는 눈과 긴 주둥이는 앞으로 튀어나오고 있고, 코는 위로치켜 올라가 있으며 어금니는 길게 뻗어나와 굽어져 있다. 몸은 뱀의 몸체로 둥굴게 말아 올려져 있고 그물 모양과 매끄러운 표면이 교차되어 비늘 모양을 새겨 놓고 있다. 사슴 머리와 새의 머리 영물은 모두 목을 길게 뽑고 높이 날아 가려는 모습을 하고 있다.[18] 오한기 남대지(南臺地)의 조보구 문화 유적에서도 1983년 녹수신수문(鹿首神獸紋)과 신조문(神鳥紋)의 준형기(尊形器) 5건을 채집하여 복원하고 있다. 이중 녹수신수문(鹿首神獸紋)은 하나는 길고 하나는 짧으며 몸이 둥글게 굽었고 날개가 나있다. 눈은 유엽형이며, 긴 사슴의 몸에는 비늘이 나있다. 고리는 반원으로 나와 삼각형 사선식 문양이 더해졌다.[19] 이들 동물형의 머리 부분은 실생활의 돼지·사슴·새의 그림 형상이나, 돼지 머리의 몸은 뱀의 몸을 하고 있고, 사슴 머리와 새머리의 우측에는 깃이 나오고 있어 이들이 단순한 현실적인 동물들이 아니라 사람들이 상상속에서 창조해 낸 영적인 숭배 대상임을 알 수가 있다. 소산의 이 돼지 머리형 그림은 돼지와 뱀의 결합에다 몸에는 비늘이 나 있고 하늘을 운유하고 있는 모습으로 본다면 사람들의 환상 속에서 만들어진 최초의 용의 형상에 대한 단서를 찾아 볼 수가 있다. 조보구 문화의 돼지 머리 형상은 홍산 문화의 저수룡(猪首龍)과 삼성타랍(三星他拉)의 옥룡으로 이어져 내려오면서 용의 형상이 점점 정

---

18) 中國社會科學院考古研究所內蒙古工作隊, 《內蒙古敖漢旗小山遺址》, 《考古》, 1987, 6기.

19) 敖漢旗博物館, 《敖漢旗南臺地趙寶溝文化遺址調査》, 《內蒙古文物考古》, 1991, 1기.

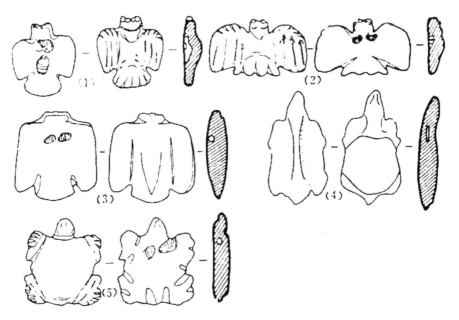

[그림 9] 阜新縣胡頭溝의 동물형 옥기

형화된다.

홍산 문화의 우하량·동산취·부신현(阜新縣) 호두구(胡頭溝)·능원현(凌源縣) 삼관전자(三官甸子)·내몽고 삼성타랍촌 등에서 모두 홍산 문화의 옥기가 출토되었다. 홍산 문화의 옥조중 동물 모양에는 새·거북·올빼미·매미 그리고 저수룡(猪首龍)과 옥룡 등이 출토되었다. 삼성타랍촌에서 출토된 옥룡은 흑록옥을 원조로 만든 것으로 높이는 26센티미터이고 둥글게 굽어 C자형이며 용머리는 저수형이다. 이는 홍산 문화의 옥룡이 갖고 있는 보편적인 특징이기도 하다.[20] 홍산 문화에서 발견된 건축군과 제단 유적, 나체여신상과 옥조 예술

20) 翁牛特旗博物館,《內蒙古翁牛特旗三星他拉村發現玉龍》,《文物》, 1984, 6기.
李恭篤·高美璇,《紅山文化玉雕藝術初析》,《史前研究》, 1987, 3기.

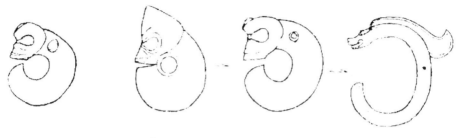

[그림 10] 獸形玉: 龍形玉 변화도 《文物》

특히 옥룡등은 종교적인 의미뿐만 아니라 사회구조와 의식등을 살펴볼 수 있는 귀중한 자료가 된다. 그러므로 "홍산 문화 용형상의 출현을 표지로 삼아 우리는 5천여 년 전에 요하 유역이 역사의 원두에 있으며, 이 지역 문명시대의 서광을 볼 수가 있다"[21]고 하였다.

요녕성 동구현 후와유적지에서는 조수 인물상과 동물상 40건이 출토되었다. 이중에는 석조·도소와 동물형 문식을 새긴 도편으로 나눌 수 있다. 동물상에는 돼지·호랑이·새·독수리·물고기·매미·벌레 등이 있다. 이 중 주의할 것은 양면으로 조각한 사람과 새의 형상이다. 정면은 인두상이고 뒷면은 원래 형상을 이용하여 교묘하게 새가 머리를 돌리고 있는 형상을 조각해 놓고 있다. 새의 머리는 볼록 튀어나와 머리를 돌려 몸에 붙이고 있다. 후와 상층에서도 양면 조소 인두상이 출토되었다. 정면은 원숭이 얼굴상으로 이마 부분이 튀어나왔으며 얼굴부위는 안으로 들어갔다. 입은 반월형으로 들어가 있고 아래턱에는 몇 개의 짧을 선을 새겨놓아 수염을 표시하였다. 후와 조소상의 형체는 모두 비교적 작아서 3-4센티미터 좌우이며 가장 큰 것은 6센티미터이고 가장 작은 것은 1센티미터 정도이다.[22] 이들 동

---

21) 孫守道, 《論遼河流域的原始文明與龍的起源》, 《文物》 1984, 6기.

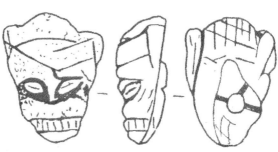

[그림 11] 滑石雕刻 人과 鳥像

물 조상은 종류도 다양하며 당시 생활이나 생산과 밀접한 관계가 있
는 동물들이다. 그러나 이것은 단순한 장식 예술품이 아니라 더욱 중
요한 원시종교 관념을 지니고 있는 영물이라 할 수 있다. 동물 모양의
벽사물을 만들어 몸에 차고 다니면 사람들에게 길상과 행복을 가져다
주고 재난을 물리쳐 준다고 믿고 있다.

二. 원시 예술에 나타난 종교 의식

신의 형상으로 볼 수 있는 원시 예술은 조소나 조각은 물론 문양과
채도 · 채회 · 암각화 등에서 다양하게 나타나고 있으며, 재질도 나

---

22) 許玉林,《后洼遺址出土的雕塑人像和動物像》,《中國各民族原始宗敎資料集成 ·
考古卷》, 1996.

무·돌·흙·옥·뼈 등 자연에서 이용할 수 있는 재료를 이용하여 다양하게 만들고 있다.

이들 원시 신상은 모두 대부분 씨족 부락 공공의 숭배물이다. 홍산 문화 유적에서 발굴된 사람과 크기가 같거나 또는 큰 여신상은 모두 고대 국가 소유의 신상으로 씨족 부락이나 고대 국가에서 중대한 제사를 거행하거나 제사 의례가 있을 적에 쓰였던 것이다. 당연히 지리 환경과 생존 조건등의 여러 가지 제약으로 인하여 씨족 부락도 크고 작은 구분이 있으나, 작은 부족도 자신의 신상이 있으며, 자기 부족이 받들며 풍요와 기원을 드리던 숭배의 대상물이다. 그러다 사유관념이 출현하면서 개인에 속하는 신상이 나오게 되었다. 때로는 개인의 집에 모시기도 하고 자기 몸에 차고 다시면서 호신부로 쓰면서 벽사의 작용을 하기도 한다.

이들 신상은 대체로 서로 교차된 3단계의 발전단계가 있다고 여긴다. 제1단계는 가장 원시적인 단계로 이 시기의 원시종교의 특징은 자연숭배이다. 원시인들은 자연계 만물에 모두 영혼이 있다고 여겨 초자연적인 성격을 부여하게 되면서 사람위에 높이 거주하고 있는 갖가지 신령을 창조하고 있다. 제2단계의 특징은 토템 숭배이다. 사전사회의 초기단계에는 동식물과 사람의 관계가 가장 집접적이고 가장 친밀하였다. 인류는 동식물에 특수한 친근감을 갖게 되었으며, 따라서 인류는 자신과 어느 동식물 사이에 일종의 신비한 관계에서 심지어는 혈연관계가 있다고 느끼게 되었다. 어느 한 동물은 어느 씨족 부락의 선조라고 여기게 된다. 이런 토템 동물은 그 씨족 부락이 숭배하고 받드는 신령이 된다. 이런 씨족 부락은 허다한 금기와 의례를 만들어 토템 조상을 보호하고 공경하게 된다. 토템 동물은 사람들에 의해 도상이나 조상으로 만들어져 이들의 족휘나 신상이 된다. 제3단계는 조상 숭배이다. 조상 관념의 출현은 비교적 늦다. 조상 관념이 일단 출현하고 나서는 제어할 수 없는 추세로 원시종교에 중대한 영향을 가져오게 된다. 이후 사회가 발전되어 고대 국가 형태를 띠게 되면서 자연 숭배와 조상 숭배가 서로 결합하면서 천신 숭배가 생겨나게 되며, 사회 조직이 완비되어 가면서 신의 조직도 정비되어 체계화된 신의 계통을 형성하게 된다.

여신상의 신격에 관하여 중국 학계에서는 여러 가지 해석들이 있다. 이들 여성 조상의 공통성은 나체 임부상으로 생식과 관련되어 있으며 정욕관념에 바탕을 두고 있거나 혹은 다산 무술의 산물이며, 아울러 지모등과 연관되기도 한다.[23] 선조의 우상,[24] 중국의 비너스로 이는 생육의 신이며 혹은 고매신,[25] 조상의 하반신이 땅속에 묻혀 있어서 만물이 땅에서 나고 땅에서 자란다는 뜻이 뚜렷하므로 이는 바로 지모의 형상[26]이라고도 하며, 이밖에도 불의 신·농업신으로 말하기도 한다.

위에서 살펴본 바와 같이 인격화된 신의 형상은 대다수가 여성적인 특징을 띠고 있으며, 나체 임부상과 같은 것은 여성의 특징을 명확하게 표시하고 있다. 이 당시는 모계 혈연을 중심으로 한 씨족 집단을 형성하고 있었으므로, 이들 여신 신앙은 사실 여시조 신앙으로 볼 수가 있다. 특히 여성의 출산은 다산과 풍요를 상징하며 자연계의 위협에서 생존하기 위해서 인간은 물론 동식물의 번성을 기구하는 생식숭배가 보편적이었다. "아주 오랜 시기에, 여인의 생육 능력은 일종의

---

23) 朱狄,《原始文化硏究》, 三聯書店, 1988.
24) 孫守道·郭大順,《牛河梁紅山文化女神頭像的發現]與硏究》,《文物》, 1986, 8기. 殷志强,《也談東山嘴紅山文化神祀遺址》,《北方文物》, 1986, 3기.
25)《座談東山嘴遺址》,《文物》1984, 11기.
26) 石云子,《原始藝術─生育女神雕像》,《中國文物報》1994년 5월 22일.

신성한 역량으로 보았으며, 찬미와 감격을 받는 신이 관리하였다."[27]
그러므로 여신의 숭배는 바로 생식능력을 갖춘 여인 선조를 숭배하는
의식속에서 나온 것이다. 그러나 출토된 인류 형상의 유물들을 모두
일률적으로 신상이라고 볼 수는 없다. 홍륭와와 란평후대자의 석조
상, 동산취의 도소인형 좌상(坐像)이나 우하량의 대형 여신두상처럼
정밀하게 제작되었으며 비교적 완전하며 모셔 놓기에 편하도록 만들
어진 것은 신상으로 보아야 할 것이다.

　그러나 사지가 잔결된 소형 임부상과 같은 것은 신상이라기 보다는
무술을 행하기 위한 도구라고 보여진다.[28] 임신을 바라거나 혹은 병
을 전가시키기 위한 모종의 의식을 치르기 위해 만들어진 것으로 보
아야 할 것이다. 이런 예는 민족지 자료에서 흔히 찾아볼 수가 있으
며, 후와(后洼)에서 출토된 조악하게 만들어진 인상(人像)이나 혹은
동물의 형상은 오히려 숭배의 대상이라기보다는 무술을 행하기 위한
목적으로 쓰여진 도구로 보여진다. "예를 들면 귀주 동남부의 묘족은
13년마다 한번씩 츠구장[吃牯臟]이란 활동이 유행하고 있다. 부녀자
들은 신전의 벽에 붙어 있는 밀가루를 사용하여 남녀상을 빚거나 혹
은 나무로 남녀상을 깎아 생육을 기원하고 있다."[29] 이 또한 생육을
기원하는 무술의 일환이라고 보아야 할 것이며, 홍산시대의 사람들도
각기 자신이 만든 소형 임부상을 갖고 와 농작물의 풍요와 인축의 다
산을 기원하는 무술의 도구로 사용하였을 것이다.

　원시 예술에서는 동물을 제재로 한 것들이 많다. 동물은 사람이 살

---

27) 魏勤, 《性崇拜》, 中國靑年出版社, 1988.
28) 陳星爛, 《豊産巫術與祖先崇拜》, 《華夏考古》, 1990, 3기.
　宋兆麟, 《中國生育信仰》, 上海文藝出版社, 1999.
29) 《座談東山嘴遺址》, 《文物》, 1984, 11기.

아 가면서 생존과 깊은 관계를 맺고 있으며 인간 생활에서 불가분의 관계를 맺고 있다. 동물상을 모두 원시인의 토템이라고 볼 수는 없으며, 이들이 영물로 숭배했거나 혹은 무술 활동을 위한 예술품이기도 하다. 인간이 갖지 못한 많은 능력을 동물들이 지니고 있으며, 이런 특성 때문에 사람들은 동물을 신격화하게 된다. 새는 비상할 수 있는 능력이 있어 샤먼과 신의 사자가 되며, 물고기는 다산의 상징이 되기도 한다. 이들 동물상이 상징하는 숭배대상은 이미 씨족의 보호신이지 반드시 씨족 토템 조상의 상징이라고는 볼 수가 없다. 인수(人獸)가 결합한 도상은 전형적인 토템의 형상은 아니라고 할지라도 토템숭배와 조상 숭배가 서로 교차되어 결합한 산물이라고 볼 수도 있다. 후와유적에서는 동시에 많은 석조 혹은 도소 동물상과 인수결합상이 출토되었으며, 이들 모두 그 씨족의 토템이나 보호신이라고는 해석할 수 없을 것이다. 이중에는 모종의 무술을 거행하기 위하여 만들어진 것도 있을 것이며, 혹은 사람의 몸에 차고 다니는 영물 성격을 띠기도 한다.

인류의 감정을 표현해 낸 각 민족의 예술 또한 모두 자신이 처한 사회환경속에서 생겨났으며, 모종의 구체적인 신앙이나 가치관념의 체계와 관련되어 있다. 원시 유물에서 보이는 예술을 실용 예술과 종교 예술로 구별할 수가 있다.[30] 실용 예술은 실생활에 쓰이는 기물이나 도구 속에 나타난 문양이나 조형·기법 등처럼 실용성과 심미 관념이 결합되어 나타난 것이라고 한다면, 종교 예술은 원시 신앙을 바탕으로 종교적인 관념과 행위를 위하여 만들어졌거나 또는 종교적인 신앙체계에서 나온 예술품으로 심미관보다는 본래의 기능성을 우선한다고 말할 수가 있다. "원시 민족의 대부분 예술 작품은 모두 순수한 심미적인 동기에서 출발한 것이 아니며, 동시에 그것이 실제적인 목적에 있어서 유용한 것인지를 생각하며, 아울러 후자가 여전히 주요한 동기이고 심미적인 요구는 단지 부차적인 욕망을 만족시킬 뿐이다."[31] 그러므로 원시 예술에 나타난 형상들은 당시의 정신이 물질로 형태화되었다고 볼 수 있으므로, 이를 통하여 다시 문명사를 복원할 수 있는 작업들이 계속되어야 할 것이다.

예술은 사회현상과 사회기능의 예술 표현이며 사회의 발전과 서로 밀접한 관계가 있다. 그러므로 문명의 기원 문제를 토론하면서 예술에 관한 요소를 소홀히 할 수가 없다. 예술은 문명의 발전 정도를 반영하고 있으며, 그당시 사회와 문화 의례 등을 살펴볼 수 있는 척도가 되기도 한다. 요서에서 제단과 여신묘가 계속 발견되고 사람 크기와 같은 여신의 두상과 나체 임부상들, 그리고 동물형 옥과 석조각, 형체가 서로 다른 옥룡들은 이미 원시 씨족사회로는 해석할 수 없는 많은 내용들을 담고 있다. "중국은 이미 5천 년 전에 공사에 뿌리를 두고 있으면서 또 공사를 능가하여 한 단계 높은 사회조직형식이 생겨났으며, 이런 발견은 중화 문명사를 1천 년 앞당기고 있다."[32]

---

30) 昭望平은 《史前藝術品的發現及史前藝術功能的演變》에서(《慶祝蘇秉琦考古五十五年論文集》, 文物出版社, 1989) 史前 미술품을 彩陶 예술·彩繪 예술·陶器的刻紋裝飾 예술·陶塑 예술·조각 예술·鑲嵌 예술·청동 예술의 7가지 유형으로 나누어 개괄적으로 소개한 뒤에 진일보하여 사전 예술의 발전과 사회 기능의 변천을 논하고 다시 사전 예술품을 용도에 따라 실용 예술과 종교 예술의 양대류로 나누고 있다. 이런 양 유형의 사전미술은 '전체 사회성원의 미화와 씨족제도의 유지를 위하여 봉사'하였으나 발전되어 후기에 이르면 '상층 계급에 대한 봉사'를 그 주요 기능으로 삼기 시작하면서 탈변' 되었다. "사람들의 종교 의식은 이미 등급이 엄격한 神統을 출현하게 하였다. 그리고 이런 신의 계통은 바로 세간에 이미 존재하고 있는 다층차의 파라미드식 사회 구조를 반영하고 있다"고 하였다.

31) 格羅塞著, 蔡慕暉, 《藝術的起源》, 商務印書館, 1987.

32) 蘇秉琦, 《中國文明起源新探》, 三聯書店, 1999.

제4장

샤먼의 점복(占卜)

    중국 경내의 알타이퉁구스 민족은 몽-퉁구스어족의 몽골족 · 다우르족과 만-퉁구스어족인 만주족 · 시버족 · 허저족 · 오로촌족 · 에벤키족 등으로 일찍부터 중국 동북의 요녕(遼寧) · 길림(吉林) · 흑룡강(黑龍江)의 세 성과 내몽고(內蒙古) · 신강(新疆) 일대에서 활동하였다. 이들 민족은 예로부터 샤머니즘을 신봉해 왔으며 이런 신앙을 바탕으로 그 민족만의 독특한 문화와 예술을 발전시켜 왔다. 그러므로 샤머니즘을 통하여 이들 민족의 문화와 종교 감정을 보다 더 깊이 있게 이해할 수 있다.

    샤먼이란 말은 만-퉁구스족의 말로 샤먼을 사마오(撒卯, sa mao)[1] 혹은 싸모우(撒牟, sa mou)[2] 혹은 싸모(撒抹, sa mo)[3]로 쓰거나 혹은 산만(珊蠻, shan man) · 싸만(薩滿, sa man)[4]으로 표기하고 있으며 이

---

1) 《金史 · 后妃列傳》: 〈熙宗積怒, 逐殺后而納胙王常勝妃撒卯入宮〉.
2) 《金史》: 〈宋人入撒牟谷〉.
3) 《遼史》: 〈命林牙蕭撒抹等帥師伐夏〉.
4) 《三朝北盟會編》: 〈珊蠻者, 女眞語巫嫗也, 以其變通如神〉으로 되어 있으며, 청대에 건륭 년간에 찬수한 《欽定四庫全書》에는 '珊蠻'을 '薩滿'으로 고쳐 쓰고 있다.

는 모두 Saman의 동음이역(同音異譯)이다. 샤먼은 trance 상태에 빠져 다른 세계에 있는 신령과의 교왕을 통하여 다른 사람들의 병을 치료하거나 재난을 물리치고, 점복을 통하여 미래를 예지할 수 있는 능력을 갖춘 사람을 일컫는 말이다. 원시 사회에서 인간은 자연에 의존하여 생활하면서도 자연계의 위력에 무력하였으며, 자신의 생존도 자신할 수가 없었다. 생로병사나 길흉화복에 대해서도 손쓸 방법이 없었으므로 자연히 자신들의 희망을 신에게 의지할 수밖에 없었다. 그러나 사람들은 신과 직접 통할 수가 없었으므로 샤먼이란 특수한 종교 계층을 매개체로 삼아 신의 보우를 기구하고 점을 통하여 길흉을 판단하게 되었다.

샤먼의 중요한 역할은 치병과 제사를 통한 기원 그리고 점복이다. 점은 일정한 도구나 방법을 통하여 신령의 태도를 예측하고 알 수 없는 미래의 결과를 판단하여 자신의 행동을 결정하거나 예측할 수 없는 의외의 일을 방지하려는 데 있다. 샤먼은 항상 신령과의 교류를 통하여 신의 의지를 알려고 한다. 샤머니즘에서는 신이 세계를 주재하며 세상 도처에는 모두 신령이 깃들지 않은 곳이 없다고 여긴다. 하늘에는 천신이 있고 땅에는 지신이 있으며, 산에는 산신이 강에는 강의 신이 있고 동식물에도 동식물의 신이 있으며, 사람들이 살아나가면서 모두 이런 정령들에 둘러싸여 살아가고 있다. 그러므로 사람이 무슨 일을 하다 보면 일거일동이 모두 이런 정령들과 부딪치게 되고 이런 과정 속에서 신들과의 마찰이 생기다 보면 재난을 가져오기도 한다. 이로 인하여 수렵·농경·결혼·출상·전쟁·출산·질병 등과 같은 중요한 활동이 있을 때에는 모두 신령의 의지와 태도를 알기 위하여 점을 치게 된다.

샤먼의 점복은 수많은 방식이 있으며 신과의 교왕을 위한 점의 도구도 주변에서 이용할 수 있는 다양한 재료들을 사용하고 있다. 예를 들면 뼈·뿔·돌·터럭·이빨·발톱·풀·나무·조개껍질·강하(江河)·산·일·월·별·구름·바람·도구·무기·동전·복식 등 자연현상의 징조에서부터 주변의 많은 물건들이 사용되고 있다. 점이란 사람과 신령이 교감하여 나타난 결과이다. 점에 사용되는 도구나 물질은 대다수가 신령의 상징물이거나 혹은 신과 통할 수 있는 신령스러운 물건으로 변하게 되며, 이는 원시 사유에서 나온 만물유령론의 반영이라고 할 수 있다. 점복과정 중에서 이들 점복 재료의 변화는 모두 신의 예시에 의하여 나타난 신탁이라고도 할 수 있다.

현대중국에서 학술적인 의미에서 최초로 샤먼의 점복을 기록한 저술은 민족학자 능순성(凌純聲)이 1930년대에 송화강 하류의 허저족을 조사한 뒤에 기록한 민족지[5]라고 할 수 있으며, 지금도 여전히 아주 높은 학술적 가치를 지니고 있다. 이후 1980년대 들어서면서 민족조사가 활발해지면서 샤먼의 점복에 관한 자료와 기록도 많아지게 되었으며, 더욱더 많은 학자들이 이들 자료를 근거로 하여 구체적으로 샤먼의 점복에 관하여 연구를 하고 있다.[6]

一. 샤먼의 점복 유형

샤먼을 믿는 사람들은 대다수가 북부의 한랭지대에 살고 있는 어렵

---

5) 凌純聲, 《松花江下流的赫哲族》, 國立中央研究院歷史語言研究所, 1936.
6) 汪寧生, 〈云南永勝縣他魯人的羊骨卜 ─ 附論古代甲骨占卜習俗〉, 《考古》, 1964, 2기.
汪寧生, 〈彝族和納西族的羊骨卜 ─ 再論古代甲骨占卜習俗〉, 《文物與考古論集》, 文物出版社, 1986.

민족들이다. 샤머니즘은 바로 원시 수렵 사회에서 발전되어 온 다신(多神) 신앙을 바탕으로 하고 있다. 대자연에 의존하여 생존해 온 민족들은 지리적 환경과 원시적인 생산 방식으로 생활 수준이 극히 낮았으며, 생존 상황이 어려울 수록 이들 민족은 나날이 안정과 발전을 추구하면서 생존을 추구하는 심리적 욕망을 격발시키게 되었다. 이들은 수렵 중에 앞날을 예지하고 미래를 장악할 수 있기를 바라게 되었다. 샤먼의 점복은 이런 문화적 토양위에서 맹아되고 발전하게 되어, 점차적으로 자신의 전통과 특징을 형성하게 되었다. 샤먼 점복의 특징은 물상(物象)을 조상(兆象)으로 하는 원시 전조 신앙(前兆信仰)과 점복 도구를 사용하여 문복하는 점복이 동시에 공존하게 되었다. 주천순(朱天順)은 "원시적인 전조 신앙과 원시 점복 신앙의 차이는 전자의 조상(兆象)은 피동적이며 우연히 발생한 것이라고 하면, 후자는 점을 쳐 알려고 하는 일과 무엇을 징조로 삼는지가 항상 예정되었다"[7]고 하였다.

이런 전조 미신은 알타이 퉁구스 민족 중에 아주 성행하였으며 종류도 다양하다. 천체의 조짐으로는 일식이나 월식, 우레나 별에 대한 징조를 보았으며, 동물의 징조나 꿈 점, 인체의 징조를 보고 점을 쳤다. 예를 들면 부엉이가 대낮에 집 가에 내려와 울면 불길한 징조로 여겼다. 부엉이가 낮에 우는 일은 이변에 속하므로 적의 침입이나 역병이 돌 불길한 징조로 여기게 되었다. 또 산간에 사는 마을에서는 장마가 계속이어지다가 갑자기 벼랑이 웅웅거리고 울거나 뱀이나 쥐가 도망가면서 숨으면 대흉이라고 여긴다.

샤먼의 점복은 샤먼만이 점을 칠 수 있는 것이 아니라, 샤머니즘을

---

7) 朱天順:《中國古代宗敎初探》, 上海人民出版社, 1982.

신앙하는 지역에서 일반 사람들도 자기 자신의 점을 칠 수가 있다. 이런 점은 샤먼이 병을 치료하거나 굿을 하면서 혼미 상태에 빠져 접신하여 내리는 공수와는 구별된다.

1. 골복(骨卜)

골복은 고대 민족 중에도 유행하였으며 현재 중국 남북의 많은 소수민족 중에도 사용되고 있다. 골복은 또 샤먼의 점복중에서 가장 흔하게 볼 수 있는 점복 중 하나이다. 샤먼의 골복은 동물의 견갑골을 사용하기도 하며 또 두골·경골·늑골·미골 등의 부위를 사용하기도 한다. 견갑골은 체모가 완전하고 건강한 양·돼지·노루·사슴·호랑이·오소리·멧돼지 등의 뼈를 사용한다. 동물이 정해지면 당장에 칼을 들어 견갑골을 분리해 내며 이 견갑골을 분리하고 나서 짐승이 죽는 것을 가장 좋다고 한다. 그래야 견갑골이 신선하여 신성을 지니게 된다고 한다. 또한 이미 준비해 놓았던 견갑골을 사용하기도 한다.

허저족의 골복은 노루나 사슴 등의 견갑골을 사용한다. 이들 야수에서 취한 견갑골에 붙은 살을 깨끗하게 발라내고 잘 말려서 필요할 때 사용할 수 있도록 보관해 둔다. 어느 방향으로 가야 사냥감을 많이 잡을 수 있는지, 혹은 질병의 길흉이나 잃어버린 물건 같은 풀기 어려운 문제가 있을 적에 모두 골복을 사용하여 점을 친다. 점을 칠적에는 먼저 견갑골의 넓은 부분을 아래로 향하게 하고 뼈의 밑 부분을 입에 가까이 댄다. 뼈를 향하여 낮은 소리로 기도를 하면서 알고자 하는 문제를 고한다. 기도가 끝나면 넓적한 면에 침을 뱉고 불로 지지면 견갑골에 균열이 생기게 된다. 점을 친 사람은 이 뼈 위에 나타난 파열된 무늬를 보고 길흉을 판별한다.[8]

샤먼의 중요한 임무중 하나는 다른 사람의 병을 치료하는 것이다. 병을 치료할 적에도 골복으로 병의 원인을 확인하고 여기에 적절한 주술로 병을 치료 한다. 다우르족 샤먼은 병을 치료하면서 병의 원인을 알기 어려울 적에는 점을 쳐서 판단한다. 고기를 잘 발라낸 노루의 견갑골을 깨끗이 한 다음에 낮은 소리로 주문을 외면서 초목을 태운 재속에서 그 뼈를 태운다. 그런 뒤에 파열된 무늬를 보고 어느 귀신으로 인하여 병이 생겼는지를 판단 한 다음에 그 귀신을 몰아내는 굿을 벌인다.

오로촌족의 골복은 노루의 견갑골을 사용한다. 오로촌춘의 사냥꾼은 사냥을 나가 며칠 동안 계속 짐승을 잡지 못하면 점을 치게 된다. 이들은 야수의 견갑골이 신령과 통할 수 있다고 여기므로 일반적으로 골복을 한다. 먼저 수골에다 기도를 하고 불 속에 넣어 그 파열된 무늬의 방향과 위치를 살펴보게 된다. 오로촌족의 습관에 따르면 점이 영험하면 신이 암암리에 도와 준 것이라고 여겨 공물을 바치고 영험하지 않으면 제물을 올리지 않고 다른 방법으로 점을 친다. 야수의 견갑골을 사용할 적에 점을 치는 사람이 노루에서 견갑골을 꺼내기 전에 어느 쪽의 어느 부분을 사용할지 선택하게 된다. 점치는 일에 따라서 좌우 어느 쪽을 써야 될지가 달라진다. 만약 견갑골을 꺼낸 후에 이미 파손되었으면 아주 불길하다고 여긴다. 견갑골을 꺼낸 후에 위에 붙어 있는 살을 깨끗하게 발라내어 불로 지질 적에 연기가 나거나 쉽게 파열되지 않거나 혹은 균열이 생겨도 잘 알아보지 못하는 일이 없도록 한다. 일반적으로 등뼈가 있는 곳에 횡으로 갈라진 무늬가 수렵상황을 예시해 준다. 파열된 무늬가 두텁거나 혹은 견갑골에 가까

8) 凌純聲,《松花江下流的赫哲族》上册.

우면 가까울수록 사냥감을 잡을 수 있는 시간이 가깝다는 것을 말해 주고 있으며 이와 반대면 사냥감을 잡을 수가 없다.[9]

에벤키족은 흔히 물고기 뼈를 점의 도구로 삼는다. 손에 물고기의 하악골을 잡고 위로 던지면서 입으로 '신쿤도〔新昆都〕'라고 말한다. 이빨이 위로 향하면 '도푸스〔都普斯〕'라고 하면서 주먹으로 친다. 이렇게 연속하여 세 번을 던진다. 이가 위를 향하면 복이 있어 짐승을 잡을 수가 있으며, 아래를 향하면 야수를 잡을 수 없다고 여긴다. 수렵 중에 다른 사람이 시렁위에 놓아둔 야수의 악골이 땅위에 떨어진 것을 보면 들어서 위로 던진다. 던지면서 입에서 나오는 대로 사슴·오소리·노루 등의 이름을 부른다. 사슴을 불렀을 적에 이가 위로 향하면 사슴을 잡을 수가 있으며, 이가 아래로 향하면 사슴을 잡을 수 없다고 한다.[10]

2. 초목점

샤머니즘에서는 식물을 점복 도구로 삼는 것도 보편적이다. 풀·나무·꽃을 사용하며 재료의 선택에는 높은 산이나 물가에서 공기가 청정하고 짐승의 분뇨로 오염되지 않은 곳에서 채집한다. 채집 시에는 일출 전에 이슬이 있는 것이 가장 좋으며, 나무는 가지를 사용하고 풀은 줄기를 사용하며 꽃은 꽃 봉우리를 사용한다. 샤먼은 풀·나무·꽃 등으로 한해의 풍흉이나 병충해 역병 등을 점친다.

---

9) 蔡家麒, 《論原始宗教》, 云南民族出版社, 1988.
10) 內蒙古自治區編輯組, 《鄂溫克族社會歷史調查》, 內蒙古人民出版社, 1986.

3. 금석점

만주족 샤먼은 오색 광석이나 타제석기를 점복 도구로 삼는다. 이런 유형의 점복 도구는 조상 대대로 전해져 내려오거나 선대 샤먼에게서 전해온 유물, 혹은 고묘를 파서 얻은 유물들로 유령의 영기와 신기가 있다고 여겨 비전의 점복 도구로 쓰인다.

4. 신상과 신기(神器) 점

신상은 목조신상 · 골조신상 · 석조신상 · 가죽신상 · 포백(布帛) 신상으로 나누며 자연신과 우주의 여러 신, 조상신을 포함하고 있다. 신상은 사람의 형상으로 된 것도 있으나 대다수의 신상은 어느 신의 상징물이다. 점복 시에는 분향을 하고 희생을 잡아 그 피를 신상의 입에다 칠한 후에 점을 친다. 꿇어앉아서 신상의 움직임 여부를 살피거나 혹은 상자속의 신상 얼굴이 아래나 위로 향했는지를 살피거나, 혹은 신상 속에 손을 넣어 그 중 하나를 꺼내어 그 신이 관장하고 있는 일로 어떤 성질의 재난인지를 살핀다. 혹은 저녁에 몽점과 서로 결부시켜 판단하거나 골복 등과 결부하여 판단하기도 한다. 점복중의 예의와 순서가 엄격하여 중대한 일이 아니면 신상으로 점을 치지 않는다. 다른 많은 점들은 샤먼이 없어도 자신이 점을 칠 수 있으나, 신상으로 치는 점만은 샤먼을 불러 점을 친다. 점을 치면서 외는 주문도 많으며 점중의 신상에서 나타나는 의미를 일반인은 해석할 수 없기 때문이다.[11]

5. 술잔점

커얼친[科爾沁]의 조사에 따르면 몽고족 샤먼의 술잔 점은 술잔을
북위에 올려놓고 북채로 북면을 두드려 술잔이 북면에서 뛰도록 하면
서 그 뛰는 방향과 시간을 살피고 나서 술잔을 던져 술잔 주둥이가 어
느 방향을 향하는지를 보고 점을 친다.[12] 이 점의 연원은 수렵민족의
제사의식으로 거슬러 올라갈 수가 있다. 사냥이 시작되기 전에 사냥
꾼들은 제주(祭酒) 의식으로 사냥의 성공여부를 점쳤다. 이들은 다투
어 술잔을 공중으로 던진다. 만약 어떤 사람의 술잔 주둥이가 위를 향
하면 조짐이 좋다고 여기며, 주둥이가 아래를 향해 떨어지면 불행과
실패라고 여긴다.

6. 총점

어룬춘의 사냥꾼은 평소에 사용하는 총으로 점을 친다. 총을 들어
올려 총구가 땅을 향하게 하거나 평평하게 하고 총구에 끈을 사용하
여 도끼날을 묶는다. 점치는 사람이 신의 이름을 하나하나 왼다. 만일
점복자가 저촉한 신의 이름이 나오면 총구가 위로 들여올려지거나 혹
은 수직으로 선다.

---

11) 富育光,《薩滿敎與神話》, 遼寧大學出版社, 1990.
12) 白翠英,《科爾沁 '博' 藝術初探》, 內蒙古哲里木盟文化處編印, 1986.

7. 젓가락 점

이 점은 그릇 속에 반쯤 맑은 물을 담고 네 개의 네모난 젓가락으로 기도를 하면서 젓가락의 윗부분을 아래로 하여 그릇 속에 세운다. 만일 어느 신이나 어느 일을 말할 때, 젓가락이 서서 쓰러지지 않으면 이 신이 공경하면 길하면 혹은 이 일이 길하고 순조롭다는 것을 의미한다.[13]

알타이 퉁구스민족은 모두 샤머니즘의 신앙 속에서 생활해 오면서 다양한 방법의 점을 통하여 미래를 예측하고 길흉을 점쳤다. 점복의 방법도 다양하면서 저마다 그 민족의 자연적인 환경과 특징을 잘 나타내 주고 있다.

二. 샤먼 점복의 특징

샤먼의 점복은 골복을 중심으로 여러 유형이 함께 존재하고 있다. 골복은 샤먼의 점술 중에서 가장 흔하게 볼 수 있는 점의 형식이며 또 그 문화적인 내함이 풍부하고 심후하여 샤먼의 점복 중에서 가장 대표적인 특징을 지니고 있다. 샤먼의 골복에서는 동물의 견갑골이 가장 자주 쓰이며 가장 전형적인 점복 도구라 할 수 있다. 샤먼은 점을 치면서 깨끗하게 손질한 동물의 견갑골에다 불을 올려놓아 태우면서 동시에 점을 치는 일을 신령에게 고한다. 그런 뒤에 그 파열된 무늬의

---

13) 張曉光, 〈鄂倫春薩滿文化調查〉, 《民間文學論壇》, 1989, 3기.

방향과 무늬를 보고 의문을 해결한다. 골복의 점술과 해석은 상징적인 의미를 함축하고 있으며 아주 강렬한 원시종교의 신비한 색채와 잠재의식을 지니고 있다.

골복은 샤먼 점복 중에서 특정한 의미와 문화 인소를 지니고 있으며, 그 민족의 특정한 경제 형태와 문화적인 전통에 제약을 받고 있다. 골복이 생겨나고 발전된 경제 형태와 문화 전통을 파악하고 분석해야 이 골복이 샤머니즘 문화의 주요한 요소와 특징을 지니고 있다는 이 문제의 열쇠를 열 수 있을 것이다.

골복을 특징으로 하는 샤먼의 점복은 다음과 같은 내용을 포함하고 있다.

1. 골복은 원시 수렵 경제 사회를 배경으로 하여 발전되어 왔다. 원시 점복은 자연 숭배와 다신 숭배에서 비롯되었으며 그 형식도 아주 다양하다. 어느 한 씨족이나 민족이 동물의 견갑골을 도구로 삼아 점치는 점복은 원시적인 수렵 경제와 신앙에 의하여 제약을 받게 된다. 대대로 북방의 한랭한 지역에 살면서 샤머니즘을 신앙으로 생활한 퉁구스 민족들은 대부분이 원시 수렵민족이거나 혹은 역사상 수렵사회를 거쳐온 민족들이다. 원시수렵 단계에 처한 부락은 생존을 위하여 자연계와 투쟁을 하면서 동물과 적대적인 관계나 혹은 친화 관계를 유지하게 된다. 적대 관계란 동물을 죽이고 정복하여 이들의 고기와 모피로 종족의 생명을 유지하고 연속시켜야 하기에 인류와 동물 사이에는 일종의 대립 관계에 있다고 할 수 있다. 친화 관계란 원시적인 인류는 동물과 사람을 동일하게 여겨 사람의 영혼을 동물의 어느 부위속에 기탁하거나 혹은 사람을 어느 동물의 화신이라고 여기기도 한다. 어떤 민족은 어느 동물이 자신들과 혈연 관계를 갖고 있다고 여기

고 있으며 토템 조상으로 삼는 친선 관계를 유지하고 있다. 이런 사유 형식에서 동물의 견갑골이나 일정 부위의 뼈를 영물로 점을 치는 일은 아주 자연스러운 현상이었다.

　2. 골복이 점복 형식 중에서 중요한 위치를 차지하고 있는 민족은 북방의 한랭한 지역에 살고 있는 만족·몽고족·다우르족·오로촌족·에벤키족·시버족·허저족뿐만 아니라, 현재 중국의 남부 산간 지역에 사는 이족(彝族)·창족(羌族)·나시족(納西族) 또한 골복으로 점을 치는 민족이다. 이런 문제는 어떻게 해석해야 될까? 현재 중국 남부에 생활하고 있는 이족·창족과 나시족의 선조들은 모두 황하 상류와 위수(渭水) 유역 일대에서 옮겨와 현재 남부 산간 지역에서 생활하고 있다. 상고시대에 이들이 황하 상류와 위수 유역·감숙과 청해 일대에서 생활하였을 때, 이들 민족도 원시 수렵 단계를 지내왔으며, 이들의 점복 문화 속에는 일찍부터 골복이 성행했다. 이 점은 고고학의 발굴로도 실증되었다. 이들 민족이 남부 지역으로 이주한 뒤에 장기간 발전 과정을 거치면서 점차로 원래의 수렵 방식에서 농경으로 전환하게 되었다. 그렇다고 해도 이들 산지 농경 문화의 특징 속에는 많든 적든 수렵 사회 시기의 점복 문화를 포함한 종교 문화가 녹아 있다. 그러므로 이들의 점복 중에는 동물의 견갑골이 여전히 중요한 지위를 차지하게 되었다. 그러나 북방의 샤먼 민족과 비교하면 다른 점이 있다. 이들이 사용하는 견갑골은 집에서 기른 소나 양의 견갑골로 북방민족의 샤먼이 대부분 사용하고 있는 야수의 견갑골이 아니다. 점복의 재료를 만드는 방식이나 관념에도 샤머니즘을 신앙하는 민족은 원시 수렵민족의 사유체계를 더욱 두드러지게 나타내고 있다. 이족·창족·나시족 등 남방 민족의 점복에 사용되는 양의 견갑골은 대

부분 그 민족의 무사(巫師)가 먼저 잘 준비해 놓은 것을 사용하고 있으며, 점복을 위하여 현장에서 희생물을 잡아 뼈를 취하는 현상은 아주 드물다. 그러나 샤먼은 점을 치기 위하여 현장에서 골라낸 야수의 몸에서 견갑골을 취하고 있으며, 뼈를 취할 때 야수가 죽어가야 한다는 것을 특히 강조하고 있다. 이런 취골(取骨)의 방법과 관념은 점복물의 영험을 중시하기 때문이다.

3. 샤먼의 골복은 샤먼 집단의 출현을 전제로 하고 있다. 골복, 특히 견갑골을 도구로 삼는 점복은 결코 원시적인 점복 방식이 아니라 원시 점복에서 발전되어 나오면서 형성된 것이다. 골복은 취골에서부터 뼈를 다듬고 불로 지져 조짐을 관찰하고 판단하여 의문에 대한 해답을 찾기까지에는 상당히 복잡한 과정을 거쳐야 하기 때문이다. 이런 정미한 기술과 전문적인 지식은 결코 일반 수렵인이 해낼 수 있는 게 아니라, 전문적인 샤먼이나 무(巫)의 집단이 존재해야만 가능한 일이다. 샤먼은 모두 생업에서 이탈된 전문 종교인은 아니라고 하지만 이들은 전문적인 기술로 다른 사람들을 위해 점을 쳐주는 계층이었다. 샤먼의 골복을 샤머니즘의 주요한 점복 형식이라고 한다면 이는 전문성을 지닌 샤먼의 존재를 전제로 하고 있다.

원시종교의 일반적인 규율로 본다면 복골은 원시 어렵 생활을 위주로 하던 시기에 이미 생겨났다고 볼 수 있다. 사람들은 짐승의 고기를 구우면서 짐승 뼈가 터지는 현상에 주의를 끌게 되었으며, 이런 과정 속에 복골이 생겨나게 되었다. 고고 발굴 자료에 의하면 중국의 황하 유역 상류의 제가 문화(齊家文化)에서 중하류의 용산(龍山) 문화 내지는 북방지역의 부하(富河) 문화 중에 모두 모두 골복 습속이 있었다. 골복에는 소·양·돼지·사슴의 견갑골을 사용하였다.[14] 1930-1931

년에 산동(山東)의 역성현(歷城縣) 성자애(城子崖)에서 발견된 용산 문화의 3종 문화층에서 점복용 짐승 견갑골 15편을 발견하였다. 그 중에 소의 견갑골이 12편, 사슴 견갑골 1편, 종류를 알 수 없는 것이 2편이었다. 이들 견갑골 중에서 6편은 인공으로 다듬지 않고 점복에 사용하였으며, 5편은 복조(卜兆)가 잘 나타나도록 홈을 파지도 않았다. 다듬고 홈을 판 복골도 그 공예가 아주 조잡하였으며 홈의 직경도 크기가 달랐고 골구(骨臼) 부분도 잘라내지 않았다. 그리고 상대의 갑골에 보이는 각사(刻辭)도 없었다. 이밖에 안양(安陽)의 후강(后崗) · 후가장(侯家庄) · 고정대자(高井台子) · 동악채(同樂寨) · 준현(浚縣)의 대뢰점(大賚店), 여순(旅順)의 양두와(羊頭洼) 등지에서도 용산 문화 유형의 복골이 발견되었다. 이들 복골은 원시 선민들은 가공하지 않은 수골을 사용하여 점을 치다가 뒤에는 점차 은허(殷墟)에서 출토된 것처럼 골구(骨臼)를 잘라내 버리고 잘 다듬어 손질한 뒤에 세밀하게 홈을 판 복골을 사용하게 되었다. 사전시기에 점복용으로 사용한 수골의 분포 상황으로 보면 골복 방법을 사용한 민족은 주로 중국의 동방과 동방의 여러 민족들이라는 것을 설명하고 있다.[15] 이 설명은 제가 문화에서 용산 문화 · 부하 문화에 이르기까지 반월형의 골복 문화권을 형성하고 있다. 이런 문화권의 형성은 신석기시대 말기이다. 똑같이 골복을 주요 점복 방식으로 삼고 있는 중국 동북의 샤머니즘 권역의 민족도 바로 이런 반월형 문화권의 일단에 자리잡고 있다.

원시 골복은 황하 유역과 동북 지구의 부하 문화의 여러 민족 중에 성행하였다. 부하 문화의 중심 지역은 내몽고 파림좌기(巴林左旗)이

---

14) 高廣仁 · 邵望平, 〈中國史前時代的龜靈與犬牲〉, 《中國考古學研究 — 夏鼐先生考古五十年紀念文集》, 文物出版社, 1986.

15) 朱天順, 《中國古代宗教初探》, 上海人民出版社, 1982.

다. 신석기시대 말기의 부하 문화 중에는 중국에서 가장 연대가 오래된 복골이 발견되었다. 이것은 이 지역에서 이미 5천 년 전에 골복을 중요한 점복으로 사용하였다는 사실을 설명해 주고 있다. 이밖에 내몽고 준거얼치〔准格爾旗〕 영흥점(永興店) 유적에서도 신석기시대 말기의 복골이 발견되었다. 복골의 수량도 많으며 돼지 혹은 양의 견갑골을 사용하였으며 불로 지진 흔적이 골면을 투과하고 있다.[16] 이는 현재 샤머니즘을 신앙하고 있는 내몽고와 동북지구 일대에서 신석기시대에 이미 골복이 성행하였음을 설명해 주고 있다.

알타이 퉁구스어 계통의 여러 민족들은 중국의 동서와 북방 지역에서 성장하면서 모두 샤머니즘 신앙을 바탕으로 성장해 온 민족들이다. 이들은 점복을 통해 길흉을 판단하고 점복의 결과에 따라서 제사를 지내면서 신의 보우를 기구하기도 하고, 무술을 통해 귀신을 물리쳐 병을 치료하기도 하였다. 점복은 이들 생활 중의 일상사를 결정할 수 있는 중요한 활동 중 하나였으므로 이속에 녹아 있는 문화적인 현상 또한 간과 할 수가 없다. 그중에서도 골복은 신석기시대부터 이어져 내려왔으며, 은상 시기의 갑골에 이르러 그 절정기를 맞이하였다.

그러나 알타이퉁구스 계통 민족 샤먼의 골복과 남방의 이족·창족·나시족의 골복은 아직 은상시기의 갑골복에 비하여 원시적이라고 할 수 있으며, 여전히 신석기시대의 원시적인 골복과 훨씬 더 유사성을 보여주고 있다. 또한 이들 골복간에도 구체적인 점복 방법은 서로 달라 일률적으로 이들 상호간의 어떤 연원이나 역사적인 관계를 규명하기에는 여전히 진일보한 연구를 필요로 하고 있으나, 이들 민

---

16) 徐光冀, 〈富河溝門遺址〉, 《中國大百科全書·考古卷》, 中國大百科全書出版社, 1986.

족의 골복을 통하여 종교적인 의식이나 관념 체계를 살펴볼 수가 있다. 또한 다른 민족과의 비교를 통하여 원시종교 속의 샤머니즘과 무속의 이동(異同)을 통하여 내재된 문화적 근원에 대한 본질에 한발 더 접근할 수도 있다.

제5장

양산 이족 비머의 주술

一. 이족의 종교 현황

이족(彝族)은 유구한 역사를 지닌 민족으로 중국 경내의 사천(四川) 운남(云南)과 귀주우(貴州) 등지에 분포하고 있으며 전 인구는 6백50만 정도이다. 이중에서 사천 양산(凉山) 이족자치주에는 1백만이 넘는 이족이 거주하고 있는 지역으로, 산악이 험준하고 교통이 불편하여 아직도 본모습을 많이 간직하고 있다. 나는 1996년 4월 6일부터 5월 10일까지 양산 지역의 원시종교를 조사하면서, 양산 이족의 무(巫)인 비머(畢摩)와 수니(蘇尼)를 방문하고 이들의 제의(祭儀)를 조사하였다. 여기에서는 조사 기록을 위주로 이족의 종교 중 주술성에 관하여 살펴 보도록 한다.

민주 개혁 전에 양산에는 통일된 정치 조직이나 기구가 없었으며 노예주인 흑이(黑彝) 가지(家支)가 각자 자기의 지반을 분할 통치하면서 빈번하게 다른 가지와 전쟁을 벌여왔다. 이로 인해 양산의 낙후된 노예 사회에서는 무술 활동인 빈번하였으며 이족의 모든 사회 생활이

종교 활동과 밀접하게 관련되어 있다고 해도 과언이 아니다. 씨족이나 부락의 안위와 의식주, 생로병사가 모두 종교와 연관이 있으며, 금기와 습관법에 이르기까지 종교의 영향이 깊이 뿌리박혀 있으며, 지금도 이런 현상을 도처에서 확인 할 수가 있었다.

이족은 역사적으로 귀교를 신봉하고 이를 통치의 수단으로 삼아왔으며, 당송(唐宋) 시기에 이르면 이런 귀교가 진일보 발전하여 귀주(鬼主) 제도가 만들어졌다. "대부락에는 대귀주가 있으며 1백 호에서 2백 호에 이르는 작은 부락에는 소귀주가 있었으며"[1] 이들은 "소·양·개를 잡아 조상에게 제사지냈으며 이를 귀신에게 제사지낸다고 하였다."[2] "이인은 귀신을 숭상하였으며 제사를 지내는 사람을 귀주라고 불렀으므로 그 추장의 칭호도 모두 귀주이다"[3]라고 하였다. 귀주는 한 부락의 정치와 종교를 다스렸고, 신권을 통하여 통치권을 행사하였다. 그러다가 원(元)대에 이르러 귀주제가 토사(土土) 제도로 바뀌면서 신권과 정권이 분리되어 추장의 참모와 군사 역할을 하다가, 청대에 이르러 정치와는 완전히 분리되어 종교 의식만을 주요 직업으로 삼는 비머(畢摩)가 나오게 되었다.[4]

현재 양산의 이족 중에서 종교 의식을 행하는 무(巫)에는 비머와 수니가 있다. 이들은 특수한 위치에 있으며 보편적으로 이족 사람들에게 존경 받는 위치에 있다. 비머는 경전을 갖고 있으며 경을 읽으며 제의를 행한다. 경전은 사람이나 귀신을 저주하는 주경(咒經)과 안령(安靈) 송령(送靈) 등의 제경(祭經)이 있다. 남자만이 조전(祖傳)으로

---

1) 樊綽,《雲南志》卷一:〈大部落有大鬼主, 百家二百家小部落亦有小鬼主〉.
2) 道光,《雲南通志》卷182引《宣威州志》.
3)《宋史·黎州諸蠻傳》:〈夷俗尙鬼, 謂主祭者曰鬼主, 故其酋長號都鬼主〉.
4) 何耀華:《彝族社會中的畢摩》,《云南社會科學》1988, 2기.

학습을 통하여 비머가 될 수 있으며, 이들은 이족 문자를 사용할 수 있는 지식인으로 제의는 물론 신화와 역사 또한 비머의 손을 통하여 정리되며 혼인·질병·교역·전쟁·상장 등의 모든 제의를 거행한다. 이에 반해 수니는 샤먼과 흡사하게 신병을 거쳐 무업을 행하며 경전이 없고 양피고를 사용하여 법사를 한다. 수니는 접신할 수 있는 능력이 있으므로 귀신을 볼 수가 있으며, 남녀 모두 수니가 될 수 있다. 그러므로 귀신을 쫓아내고 병을 치료하는 일을 한다.

二. 양산의 귀신 관념

이족은 병이 나면 병원에 가기보다는 비머나 수니를 불러다 무술(巫術)로 치료를 한다. 먼저 비머는 점을 쳐 어느 귀신이 병을 일으켰는지 알아낸 다음에 무술로 귀신을 몰아내어 병을 치료한다. 이족은 모든 질병이나 불행한 경우를 당하면 귀신이 해를 끼친 것이라고 여긴다. 산 사람의 혼도 때로는 육체 밖으로 나가기도 한다. 이들 혼이 귀신에게 잡히거나 돌아오지 못할 경우에는 비머를 불러다 초혼을 해야 한다.

이런 영혼 관념은 사람들을 저주할 경우에도 이용된다. 머리카락이나 손톱 혹은 입고 있던 옷 등에도 영혼이 깃들어 있다고 여기므로 함부로 버리지 않는다. 다른 사람이 이들 을 이용하여 저주를 하고 혼을 묻으면 병이 들거나 심지어는 죽게 된다고 믿는다. 병이 들거나 사고를 당하면 다른 사람의 저주로 인한 결과라고 여기고 비머를 불러 다른 사람의 저주를 풀고 다시 상대를 저주하는 반주(返呪)를 하고 영혼을 다시 찾아오는 의식을 거행한다. 평상시에 병이 없는 집에서도 매년 혹은 몇 달에 한번씩은 비머를 불러 초혼 의식을 거행하고 집안의 평안무사함을 기원한다. 사람이 죽으면 귀신으로 변한다. 귀신에는 선귀와 악귀가 있으며, 별 과실없이 천수를 누린 사람이 죽으면 선귀가 되고, 비정상적으로 죽었거나 전염병이나 문둥병을 앓다 죽은 사람은 악귀가 되어 인세를 방황하면서 사람들에게 해를 끼친다. 선악의 개념은 자신을 기준으로 생각한 것으로 나에게 유리하면 선이고 해를 끼치면 악이 된다. 그러므로 전쟁이나 원가(怨家) 투쟁으로 상대를 저주할 적에도 자기편을 도와 줄 수 있으면 선귀가 되고 상대편을 들어 이쪽을 해치는 귀신은 악귀가 된다. 사람은 물론 동물도 죽으면 귀신으로 변한다. 이족의 이런 귀신관은 인간의 모든 질병이나 재해·전쟁등이 모두 악귀에 의해 생겨난다고 여긴다. 그러므로 꺼림직한 일이 생기면 모두 비머나 수니를 불러다 귀신을 몰아내며, 평상시에도 악귀의 해를 예방하기 위하여 수시로 제의를 행한다. 병이 생기는 근원은 귀신이므로 병근을 없애기 위해서는 악귀를 몰아내고 치료를 해야 한다고 생각한다.

이 지역을 조사하면서 선귀와 신과의 관계에 관해서 줄곧 의문을 갖게 되었다. 이들에게는 종교에 있어서 아직 절대적인 선이란 없다. 비머나 수니에게도 자신의 법술을 도와 주는 보호신들이 있다. 그러나 평소에 이들 신상을 모셔 놓는 신감도 없고 또 공양을 하지도 않는다. 양산지역에서는 신을 모시는 사당을 찾아 볼 수가 없으며 신상도 발달하지 않았다. 비머의 신은 자기를 도와 상대를 저주하는 신은 선이고 상대를 돕는 신은 악이다. 이 지역에서 흔히 찾아 볼 수 있는 것은 진흙으로 빚거나 풀로 만든 귀신으로 모두 인간의 불행이나 병을 대신하여 만들어진 우상들일 뿐이다. 양산지구에서는 신을 숭배하는 것이 아니라 오히려 귀신을 숭배하고 두려워한다는 말이 옳을 것이다.

三. 제의를 통하여 살펴 본 무술

1996년 4월에 사천 양산이족자치주를 조사하였으며, 희덕현(喜德縣)·미고현(美姑縣)·소각현(昭覺縣)·포타현(布拖縣)의 촌락을 돌아다니면서 당지의 비머와 수니를 조사하였다. 이 당시 조사기록을 바탕으로 이들의 무술을 살펴보도록 한다.

1. 진흙귀

1996년 4월 23일에 우리는 미고현 류홍향(柳洪鄕)을 조사하러 들어갔다가 초대소 옆에서 조그만 생필품 가게를 하고 있는 비머 러먼스르〔洛門斯日〕[5]를 알게 되었으며, 저녁에는 초대소에서 러먼스르와 현지의 종교와 신앙에 관해 얘기를 나누게 되었다. 이 자리에서 러먼스르는 진흙으로 귀신을 빚어 보이면서 그 제의 과정을 설명해 주었다.

러먼스르는 진흙으로 만든 귀신에 대해 이렇게 설명을 하였다. 진흙으로 만든 귀신은 두 종류가 있다. 하나는 이족어로 '차푸'라고 하며 진흙귀신을 제거한다는 뜻이다. 다른 하나는 '추'라고 하며 귀신을 내다가 묻는다는 말이다. 이런 귀신은 장사지낸 사람의 망령이 변한 것이다. 정상적으로 죽은 사람은 화장을 하고, 흉사자는 매장을 한다. 흉사귀는 아주 흉악하며 보복을 잘한다. 지하의 도랑안에 살면서 부종으로 배가 부어 오르는 병이나 허리가 시리고 다리가 아픈 병을 걸리게 하며 심지어는 사람을 사지에 몰아 넣기도 한다. 비머는 이런

---

5) 이족어로의 인명과 사물의 명칭은 웨이드식 로마자로 표기하였다.

환자의 병을 보고 귀신을 쫓아낼 때 먼저 양의 견갑골로 점을 쳐 어느 귀신이 들어 병이 생겼는지 확인한다. 매장귀가 병의 원인이라는 것이 확인되면 진흙으로 귀신의 형상을 빚어 석판이나 목판위에 올려놓고 닭 한 마리를 제물로 삼아 제의를 행한다.

비머의 조수가 마른 풀 한줌을 들고 화덕에서 불을 붙여 집밖으로 들고 나가 생나무 가지에 불을 붙여 연기를 피어 올린다. 이 연기로 제의가 행해지니 신들이 내려와 도와 달라는 청신(請神)의 신호이다. 비머는 제물로 쓰여진 닭을 환자의 몸에 시계바늘 방향으로 세 바퀴 돌리고 나서 아래위로 환자의 몸에 비비면서 병이 닭의 몸으로 옮겨 가도록 한다. 또 환자에게 닭의 주둥이에다 숨을 불어넣도록 하여 병을 전가시킨다. 비머는 물을 입에 머금었다 내뿜으며 부정을 물리치고 닭을 잡아 귀신에게 먹도록 한다. 이때 비머는 경을 읽으면서 조약돌을 달궈 석판위에 올려놓는다. 이 돌은 진흙귀를 불로 위협하는 것이며 또 환자에게 그 열기를 쐬게 한다. 비머는 대나무 채찍으로 환자의 아픈 곳을 때리면서 메밀대로 환자의 몸을 문지른다. 그리고 환자의 목에 걸었던 줄을 잘라 진흙귀를 묶는다. 이 줄은 환자가 귀신에게 잡혀 있었다는 것을 상징한다. 진흙귀를 환자의 몸에 세 번 돌리고는 장사를 지내는 것처럼 들어다 땅에 묻거나 혹은 사거리에 내다버려 사람들이 밟고 지나도록 한다.

진흙귀는 하나가 아니라 모두 12개를 만든다.

'디차이[地才]' : 지하귀로 토장된 망령이 변한 귀신으로 눈이 들어가고 코가 뾰쪽하며 큰 귀에 사지가 완전하다.

'사부량즈[沙布兩支]' : 독각귀란 뜻으로 고질병으로 죽은 망령이 변한 귀신으로 남성이다.

'사마루즈〔沙馬路支〕': 독비귀로 고질병으로 죽은 여귀이다.

'쓰리시리〔思里希利〕': 우귀(牛鬼). 원래는 산속에 살던 여인이었으나 후에 한 남자가 강제로 처로 삼으려 하자 우귀로 변했다고 한다.

'쓰무시무〔斯木西木〕': 마귀(馬鬼)

'쓰커츠커〔斯可此柯〕': 구귀(狗鬼)

'쓰웨시웨〔斯約細約〕': 면양귀

'쓰워시에와〔斯臥些娃〕': 저귀(猪鬼)

'쓰하즈〔斯哈支〕': 조귀(鳥鬼)

'쓰부스〔斯不什〕': 사귀(蛇鬼)

'서부러〔蛇布洛〕': 나비귀

메이구현에는 취비서머〔曲比設莫〕라는 77세의 대비머가 살고 있었다. 이 대비머의 구술을 통해 비머와 수니의 저주에 관한 상황들을 알 수 있었다.

이족은 사람을 저주하는 무술을 '춰르〔撮日〕'라고 한다. '춰'는 사람이란 뜻이고 '르'는 저주라는 말로 '춰르'는 사람을 저주한다는 말이다. 이 의식은 양산 최대의 저주의식이다. 저주 무술은 여러 종류가 있으나 대체로 공격적인 정주(正咒)와 반격적인 반주(返咒)로 나눌 수 있다. 저주에는 실제적인 사람을 대상으로 하는 것과 사람에게 해를 끼치는 귀신을 대상으로 한 저주가 있다. 규모가 크고 작은 것은 일정치 않으나 과정은 비슷하다. 먼저 검은 소를 희생으로 바치고 나뭇가지를 꽂아서 만든 임시제단인 초병대신기(招兵大神技)를 집 옆에 만든다. 풀로 원수를 상징하는 제웅을 만들고 원수의 영혼을 잡아오도록 하여 제웅에 붙도록 한다. 그런 후에 비머는 경을 읽어 귀혼을 죽이는 것이 제1단계이다. 제2단계는 위의 물건들을 원수가 살고 있는 방향의 산 위로 옮기고 계속 적을 저주한다. 때로는 말 한 필을 머리가 원수가 사는 방향을 향하도록 땅에 묻고 귀판부(鬼板符)를 만들고 적 방향을 향해 저주한다. 이어서 계속 적을 공격하면서 저주경을 읽고 소와 양의 뿔, 닭 머리를 신간위에 묶는다. 닭을 죽이고 닭과 개, 헌 신과 빗자루를 적이 있는 방향의 나무위에 걸어 놓고 말머리의 주둥이도 적의 방향을 향하도록 한다. 이것은 상대방을 해치기 위한 흑무술이다. 의식이 끝난 뒤에 주인은 병사를 파견하여 10일간 지키도록 하여 적이 파괴하는 것을 방지하며 10일 후에 해제한다. 이렇게 적을 저주하는 무술중에는 풀로 제웅을 만들어 적을 몸을 대신하도록 한다. 이중 '초병대신기'는 각종 신령과 제단을 상징하며, 소양의 뿔 헤진 신과 빗자루는 흉악한 세력의 상징이라고 하였다.

지금은 가지(家支) 사이의 전쟁이 사라졌기 때문에 더 이상 저주무술은 행해지지 않고 있으나, 갑작스러운 사고나 병이 났을 경우에 점을 쳐 저주로 인한 것이라고 확인되면 반주 의식으로 귀신을 몰아내고 다시 저주를 되돌려보내는 의식들이 행해지고 있다. 이런 의식을 '시야오버〔西要博〕'라고 하며, 평소에도 집집마다 재앙을 예방하기 위해 일년에 한두 번씩 행해지고 있었다.

4월 13일에 시더현(喜德縣) 이뤄향(依洛鄉)의 산길을 오르는 도중 소나무 중간에 개·빗자루·신발을 묶어 놓은 것을 보았다. 이족 말로 리츠트라고 한다. 이 산은 개인이 소나무를 심어 놓은 산으로 다른 사람이 벌목해 가지 못하도록 지켜야 한다. 이족은 화덕에 불을 지펴 음식을 하고 그 주위에서 잠을 자기 때문에 여기에 지필 연료로 나무를 사용 한다. 이족에게 개는 가장 더러운 짐승으로 이족은 개를 먹지 않으며, 개 같은 놈, 죽어서 개가 될 놈등의 욕은 가장 모욕적인 욕에 속한다. 그러므로 이 산에서 나무를 해 가는 귀신은 목매어 죽으면서 고통스러워 하는 개처럼 처참하게 죽어 갈 것이라는 주술을 걸어 놓은 것이다. 빗자루는 귀신을 깨끗이 씻어낸다는 의미이며 신발은 빨리 신을 신고 도망가라는 의미라고 한다. 또한 나쁜 악귀가 들어오지 못하도록 귀신에게 이 길로 다니지 말라고 경고하는 의미이기도 한다.

이처럼 닭을 사용하여 비머가 주문을 외어 문옆에나 나무위에 걸어 놓으면 어떤 사람도 감히 물건을 훔쳐가지 못한다. 만일 누군가 물건을 훔쳐가면 이 닭처럼 죽게 된다고 여긴다. 이렇게 저주를 한 닭을 밭에 있는 나무에다 걸어 놓으면 누구도 밭의 작물을 훔쳐가지 못한다. 개를 사용하여 저주하면 더욱 무섭다. 조사 과정중에 아직도 이런 저주무술이 곳곳에서 행해지고 있다는 증거를 찾아 볼 수가 있었다.

2. 축귀(逐鬼) 무술

이족어로 '쓰서비〔斯色畢〕'는 축귀(逐鬼)라는 뜻이다. 귀신에는 세 종류가 있다. 천계귀는 사람들로 하여금 선천적인 잔질이나 백치를 만들며 흑귀에 속한다. 수계귀는 언청이 사팔, 요통이나 신경통 등의 병을 일으키며 회귀에 속한다. 지하귀는 백귀라고도 불리며 사람들에게 여러 가지 질병을 가져다 준다.

비머가 귀신을 쫓을 적에는 먼저 부·모·자의 세 귀신을 진흙으로 빚고 구덩이를 하나 판다. 구덩이 옆에 귀신을 쫓는 나뭇가지를 꽂고 사방에 귀신이 다니는 네 갈래의 길을 만들고 구덩이 속에 석판을 놓고 그 위에 진흙으로 만든 귀신을 올려놓는다. 말똥·두부찌꺼기·메밀 볶은 것을 바친다. 비머가 《양신귀경(禳神鬼經)》을 외면서 손에 대나무 가지를 들고 환자의 몸을 치면서 귀신을 몰아낸다. 이어서 소와 양의 기름으로 구덩이 안에 있는 진흙귀에다 붓고 환자의 머리에다도 붙는다. 귀신에게 잡혀 있다는 의미로 목에 두르고 있는 선을 잘라 귀신이 떨어져 나갔다는 것을 보여 준다. 그리고 환자로 하여금 신지(神枝) 아래쪽에서 위쪽으로 지나가도록 하여 부정을 몰아낸다. 진흙귀는 위에서 아래로 신지를 지나도록 하고 돌아 올 길을 없앤 뒤에 진흙귀를 구덩이에 매장한다.

이 의식은 적어도 세차례 이상 치르며 많으면 7–9번 거행하기도 한다. 비머가 주지하며 닭 한 마리를 쓴다. 그 목적은 닭이 발톱으로 귀신을 잡도록 하는 것이며 제의가 끝난 뒤에 닭은 비머에게 준다. 환자의 병이 낳으면 그만두되 그렇지 않으면 다시 귀신이 돌라올 길을 끊어 버리는 무술을 행하며, 그 방식은 위와 비슷하고 진흙으로 빚은 귀신을 사용한다.

주귀(咒鬼)·타귀(打鬼)·송귀(送鬼) 등의 무술은 수니가 병을 치료하면서 쓰는 방법이다. 수니는 경전이 없으므로 접신 후에 신의 힘을 빌려 귀신을 내보낸다. 4월 21일에 미고현(美姑縣) 천희향(天喜鄕)에서 수니 지우라스〔吉俉拉史〕가 귀신을 잡는 전 과정을 조사하게 되었다. 이 조사를 통하여 비머와 수니의 무술에 관한 차이를 알 수 있었다. 신차(神叉)와 잎이 달린 나뭇가지로 제단을 만들고, 제물로는 양한 마리와 술을 사용하였다. 귀신을 잡을 때 쓰는 작은 진흙 항아리를 빚고 풀로 초귀(草鬼)를 만들었다. 수니의 법기로는 양피로 만든 단면고와 방울을 사용하였다.

먼저 문밖에다 마른 풀에다 생나무 가지를 섞어 불을 붙여 신에게 오늘 법사가 있음을 고하고는 방울을 흔들면서 신들을 청한다. 수니의 신은 대개 전대 수니나 혹은 조상신이 주를 이룬다.

조수가 불에서 빨갛게 달군 조약돌을 물이 담긴 그릇속에 넣어 피어 오르는 증기로 부정을 씻어낸다. 제단과 양피고를 거쳐 환자에게 시계 방향으로 세 번 돌리고 제물과 진흙으로 만든 관에다 김으로 부정을 씻어 낸 다음에 이 돌을 문 밖으로 버린다.

제물로 바칠 양을 조수 둘이 들어 환자 주위를 세 번 돌리고 위 아래로 환자 몸에 비벼 환자안에 있는 귀신을 양에게 옮기도록 한다. 양을 잡아 그 피를 받아 북과 제단에 뿌린다. 그리고 피냄새로 귀신을 유인하기 위하여 진흙 항아리에 양피를 발라 놓는다.

수니의 북소리가 빨라지면서 격렬하게 빙글빙글 돌면서 집안에서 귀신을 쫓는다. 수니는 귀신이 쫓겨 진흙 항아리로 들어 가는 것을 보고 조수에게 뚜껑을 덮도록 한다. 진흙 하아리에 잡은 귀신이 가족이면 집안에다 묻고 밖에서 온 귀신이면 인적이 드문 곳에다 묻어 버리며, 산 사람일 경우에는 밖에 나가 놓아 준다고 한다.

비머와 수니의 제의중에서 수니는 경을 읽지 않고 양피고를 사용하여 격렬한 도무나 신의 법력을 통하여 귀신을 잡는다는 점을 제외하면 법사의 기본적인 과정은 서로 비슷하다. 신을 청하기 위한 과정이나 제물에게 환자의 병근을 전가시키는 방법, 증기를 이용한 정화 방법은 비머의 제의속에서도 공통적으로 쓰이는 과정이다. 소각현(昭覺縣)에서 조사한 지아푸쿠(吉阿普庫)라는 수니는 비머에게 전수받은 몇 개의 경전을 이용하여 경을 읽기도 한다고 하였다. 수니는 귀신을 볼 수 있으나 비머는 귀신을 볼 수 없다.

3. 문둥병을 방지하는 무술

이족이 가장 두려워 하는 병은 문둥병으로 문둥병귀는 귀신중에서도 가장 물리치기 어려운 귀신이다. 이 문둥병을 일으키는 귀신을 '추'라고 하며 '니무'는 제의를 거행한다는 뜻이다. '추' 귀를 물리치는 '추니무〔粗尼木〕' 의식은 환자 자신은 물론 가지의 전염과 예방을 위하여 가지 전체가 거행하는 대형 의식 중의 하나이며, 분위기가 가장 삼엄한 축귀무술의식이다.

'쓰예탕〔斯葉堂〕' 이라는 이족어는 문둥병귀의 침입을 막기 위해 나무로 만든 벽사물을 걸어 놓는다는 말이다. 만일 과거에나 현재 집 안에서 문둥병을 앓았던 적이 있는 집에서는 반드시 문둥병 귀신이 문 안으로 들어오지 못하도록 조처를 해야 한다. 먼저 목판에다 동으로 된 투구에다 신마를 타고 손에는 철차와 활을 들고 어깨에 망토를 걸친 즈거아롱〔支格阿龍〕상과 공작상·망사상을 그리고 주어를 써 놓는다. 흰 수탉을 잡고 반주(返呪) 의식을 거행하여 문둥병 귀신을 쫓아낸다. 이어서 비머는 이 '귀상판' 을 주인의 주위를 돌리고 이 자리에 참여한 사람들의 머리에다 한번씩 치고 이 귀상판을 문설주에 달아 놓아 벽사물로 삼는다. 이후에도 항상 이것을 떼어 '반주무술' 을 하여 귀상판의 영험이 지속되도록 한다. 나는 푸퇴현〔布拖縣〕의 조사기간에 한 집의 문설주에 걸려 있는 귀상판 벽사물을 보게 되었다. 이중의 즈거아롱은 이족의 신화속에 나오는 창세 남시조이며 유명한 영웅신이기도 하다. 머리에는 우레를 막을 수 있는 동 투구를 쓰고 왼손에는 해와 달을 쏠 수 있는 궁전을 잡고 있으며, 오른손에는 '추' 를 잡을 수 있는 동으로 된 몽둥이와 망을 들고 있다. '귀상판' 의 중심은 바로 즈거아롱 상으로 큰 신통력을 지니고 있으므로 문둥병귀가 집안으로 들어오는 것을 막아 주고 있다.

이족 지역에서 무술이 특히 발달한 것은 노예제 사회로서 아직 통일된 정권이 나타나지 않았으며, 빈번하게 벌어진 가지(家支)간의 싸움과도 깊은 관계를 갖고 있다고 보여진다. 봉쇄된 자연 환경 속에서 생활하다 보니 의술의 발달보다는 무술로서 사회의 모든 문제와 현상을 해결하려고 하였다. 이 지역의 종교에 관한 연구는 종교의 발달 과정을 연구하는 데 시사하는 점이 많다고 할 수 있다.

주술은 중국 동북 지방의 샤먼뿐만이 아니라, 서남 지역의 소수민족 사이에도 널리 성행하고 있다. 이족의 경우를 보면 평소에 신으로 숭배할 수 있는 신상은 발달되지 않았으며, 무술(巫術)에 쓰이는 초귀나 진흙귀 · 귀상판 등의 형형색색의 귀신의 모습을 곳곳에서 찾아볼 수가 있다. 이들은 무술의 수단으로 귀신을 대표하고 있으며, 특정한 언어와 수단을 거쳐 객관적인 대상을 제압하고 통제하는 데 사용되었다.

중국 경내에서 발견되는 고고 · 민속 · 민족학의 많은 자료중에는 인물이나 새 · 동물 · 물고기 등의 형상 가운데 적지 않은 부분들이 이처럼 무술의 수단으로 사용되었을 것이라는 짐작도 가능하게 해주고 있다. 이들중에는 신상으로서의 역할이나 벽사물로서의 기능을 한 것도 있으며, 당연히 무술의 수단을 위한 도구로 활용된 것도 적지 않을 것이며, 양산 이족의 제의 속에서 쓰이고 있는 갖가지 귀신들의 모습은 이런 자료를 새롭게 해석할 수 있는 가능성을 보여 주고 있다.

이족에게는 신과 귀신의 구분이 다른 종교처럼 확연하게 갈라져 있지 않다. 선악의 기준은 개인의 이익에 따라 정해지는 경향이 강하다는 것을 살펴 볼 수가 있으며, 같은 신도 주술을 사용하는 사람의 입장에 따라 이익을 주기도 하고 해를 끼치기도 한다. 이런 관점은 원시 종교에서 신관의 발전 과정을 살펴볼 수 있는 중요한 단서를 제공해 주고 있다.

사람이 죽으면 조상들이 모여서 현세와 비슷한 생활을 하고 있으며, 이 공간 속에 들어가지 못한 흉사귀가 인간사회를 배회하며 해를 끼친다. 그러므로 이족에게는 갖가지 귀신들이 특히 많으며 불교나 도교의 영향을 깊이 받은 다른 샤머니즘의 종교와는 달리 아직 삼계의 개념이 정확하게 형성되지 않았다. 이런 공간 차원의 구성은 우리 무속의 발전사를 추정하는 데 있어서도 참고할 만한 가치가 있으리라고 본다.

부 록

다우르족 무속 신앙 조사 연구

하이라얼〔海拉爾〕 거주 집단을 주요 대상으로[1]

오오모찌 도쿠조우〔大間知篤三〕

一. 민족의 특이성

다우르족은 만주족이 일어나면서부터 흑룡강 동쪽 언덕의 제야하(結雅河)에서 시루카하〔西如卡河〕 일대에 거주하면서 원시적인 농업 목축 수렵을 겸하면서 생활해 왔다. 이들은 주변의 여러 민족들 중에서 주도적인 위치를 차지하고 있었다. 그러나 당시 러시아 세력이 동

---

1) 본 논문의 원 제목은 〈達斡爾族巫考 ─ 以海拉爾群體爲主要對象〉이다(1944년 〈建國大學硏究院學報〉(제41권)에 발표 수록되었던 것이며, 〈北方民族與薩滿文化 ─ 中國東北民族的人類學調査〉(中央民族大學出版社. 1995년 출판). 속에 수록된 7편의 논문 중 하나이다. 필자는 이를 참조했다.

오오모찌 도쿠조우는 1900년에 출생, 1927년 동경제대 문학부 독문학과를 졸업했다. 이후 군대에 입대했다가 1933년부터 민속학 연구를 시작했으며 1939년 만주국 건국대학에 독어 강사로 부임하면서 민족학 강좌를 개설하였다. 이 해부터 1945년까지 동북 지역의 여러 민족에 대해 인류학 조사를 진행하여 이에 대한 문장을 남기고 있다.

쪽으로 발전해 나오면서 점차 창궐하기 시작하자 다우르족은 연합하여 항쟁을 벌이기도 하였으나, 끝내는 대거 남하하여 눈강(嫩江) 주류와 지류 지역으로 이주하였다. 그리고 청나라 조정의 세력 범위에 들어가게 되었으며, 오래지 않아 팔기(八旗) 조직에 편입되었다.

강희(康熙) 연간에 만주족의 세력이 흑룡강 동쪽 지역으로 진격해갈 때 다우르족 관병도 참가했었다. 그 자손의 후대는 약 1500인으로 현재는 흑하성(黑河省)[2] 원훈현(瑗琿縣) 지역에 살고 있다. 옹정(擁正) 연간에 부트하[布特哈]에서 후룬베얼[呼倫貝爾] 지역으로 이주한 다우르족의 후대는 약 8백 인으로, 지금은 흥안북성(興安北省) 서룬치[索倫旗] 관할 지역과 하이라얼 지역에 살고 있다. 심지어는 멀고 먼 신강(新疆) 이리(伊犁) 지역으로 파견된 자손들의 후대도 있다. 이들

이 논문은 만주국 시절 내몽고 하이라얼 일대의 다우르족 샤먼에 대한 조사 보고서이다. 2003년 8월에 후룬베얼의 하이라얼에서 현지 사정을 살펴보니 이미 샤머니즘의 많은 모습들이 사라져 가고 있었다. 중국의 성립 이래로 소수민족의 원시종교는 유사이래 그 어느때보다 깊은 타격을 받았으며, 북방 지역의 오로촌·에벤키·허저·만주 다우르 등 통구스 계통의 샤머니즘에 대한 변화는 그 어느 것보다 심각했다. 이와 함께 새로운 사회주의식 정치와 제도 아래 생활 환경의 전반적인 변화를 가져왔으며, 이들 소수민족의 전통 문화의 소실과 변화는 이미 이상 중국의 다른 지역과 구분할 수 있는 특색을 상실하고 있었다. 현재 북방 지역의 샤머니즘에 대한 연구는 그자에 들어와 새롭게 생겨난 샤먼들의 조사가 이루어지고 있으며, 이는 전통에 대한 단절, 타민족간의 문화 교류 등으로 인한 변질된 모습을 보여 주고 있다. 이 논문은 시간적으로 다우르족 샤머니즘의 원모를 제대로 살펴볼 수 있는 시기에 조사 된 논문으로 참고 가치가 크다. 이런 자료에 대한 번역과 소개는 통구스 샤머니즘의 연구에 중요한 민족적 자료를 제시할 수 있는 작업의 일환이다.

2) 흑하성(黑河省)·흥안성(興安省)은 모두 만주국의 지방 통치 기구이다. 1934년 10월 1일 만주국 중앙기구는 새로운 〈성관제(省管制)〉를 공포하였으며, 열하성(熱河省)을 포함하는 원래 동북 4성을 10개의 성으로 나누고 있다. 내몽고지구는 흥안총서(興安總署)를 대체하여 몽정부(蒙政部)를 설립하였으며, 아울러 원래의 흥안성을 동·남·서·북 4개의 성으로 나누고 있다. 즉 봉천성(奉天省)·빈강성(濱江省)·길림성(吉林省)·용강성(龍江省)·삼강성(三江省)·간도성(間島省)·안동성(安東省)·금주성(錦州省)·열하성(熱河省)·흑하성(黑河省)·흥안동성(興安東省)·흥안남성(興安南省)·흥안서성(興安西省)·흥안북성(興安北省)이다.

은 여전히 자신들의 고유한 생활을 유지하고 있으나 우리들이 가기 어려운 지역에 속한다. 이밖에도 소수의 다우르인은 러시아 영토에 잔존하고 있으며, 또 중국 동북 등 각지에 이주한 후대들이 있으며, 특히 후란(呼蘭) 지역의 다우르인이 가장 유명하다. 다만 자신들의 고유한 생활과 문화를 전승하고 있는 지역은 비교적 드물다고 추정된다.

다우르족은 총체적으로 보면 몽골 민족의 여러 갈래 중에서 동북 모서리에 살고 있으며 갖가지 특이성을 구비하고 있다고 할 수 있다. 유럽 학자 중에서 많은 사람들이 다우르족을 에벤키(퉁구스)족의 한 갈래에 귀속시키고 있다. 그러나 다우르족이 몽고민족에 속한다는 것은 일찍이 시라도리 쿠라기찌[白鳥庫吉] 박사가 언급했을 뿐만 아니라[3] 지금 중국 동북 지역의 많은 사람들에게 공인되고 있는 일반적인 관점이다. 가령 장래 어느 날 과학적으로 다우르족이 에벤키족에서 기원했다는 이 관점이 증명된다고 하더라도, 이들이 몽골어를 사용하고 있으며 몽골 민족의 의식을 지니고 있고, 아울러 다른 주변 민족들도 이들이 몽골 민족이라 인정하고 있으므로, 이들을 몽골족의 한 갈래로 보는 것은 조금의 오류도 없을 것이다. 몽골 민족 중의 다우르족의 특이성은 다음과 같은 여러 면에서 고려해 볼 수 있다.

1. 다우르족은 오랫동안 에벤키(퉁구스) 거주 집단 중에서 두드러지게 몽골 민족의 지위로 생활해 왔다. 특히 적어도 300년 이래로 이들은 서룬족 사이의 관계가 극히 밀접했으며 통혼도 드물지 않다. 예를 들면 사마기르(Samagir)·사마거르(Samager) 혹은 바이기르(baigir)·바야기르(bayagir) 등은 사람들에게 퉁구스 서룬족의 성씨를 연상시킨

---

3) 白鳥庫吉, 〈塞外民族〉(岩波講座《東洋思潮》), p.22, 43.

다. 그러나 또 다우르인으로 간주되고 있는 이런 사람들은 다우르인에게 흡수된 퉁구스 서룬족의 일원이었을 것이다. 또 눈강 유역에 두 민족이 서로 이웃하여 살고 있는 지역에서는 서룬족이 점차 다우르족에 동화되는 과정 속에 있는 예들이 적지 않다.[4] 이런 상황에서 다우르족과 다른 몽골 민족의 여러 갈래들과 비교해 보면 이들은 퉁구스-서룬족의 혼혈 상황이 비교적 보편적이다.

2. 다우르족 언어는 몽골어 방언의 일종이다. 그러나 다른 몽골어 방언과 비교해 보면 다우르어 중에는 더욱더 많은 퉁구스-서룬어의 어휘가 포함되어 있다.[5]

3. 다우르족 사회 중에는 카르카〔喀爾喀〕인 사회의 그런 봉건적인 왕공 계급을 볼 수가 없으며, 이들의 사회 구조는 도리어 평등한 씨족 즉 하라-머혼(hala-mohon)을 단위로 삼고 있다.

4. 다우르족은 거의 모두 정착 생활에 들어섰으며, 산(山)형 지붕을 한 집에 살고 있다. 총체적으로 말하면 이들은 농업을 하면서 목축업을 겸하고 있다. 다만 이들의 농업 기술은 아직 한족에 미치지 못한다. 아마도 이들은 여전히 산림의 매력에 이끌려 있으며, 이들 중에는

---

4) 한 예를 들도록 한다. 너허현〔訥河縣〕 라하잔〔拉哈站〕 서쪽에 있는 가부하툰은 서룬족의 마을이다. 현재 35세 이하의 사람들은 모두 다우르 말을 할 수 있으나 많은 사람들은 서룬어를 잊어버렸다. 이들 중에는 다우르 사람과 통혼한 사람들도 많이 있다.
5) 이런 유형의 사실들은 이미 일반적으로 사람들이 알고 있는 것들이며, 중국 동북 지구로 말하면 이미 상식이 되었다. 언어학자의 주장으로는 Poppe의 논문이 있다. 내가 읽은 논문에는 〈論達斡爾族語言〉(N. Poppe: 〈Uber die sprache der Daguren〉(Asia Major, Vol.X.)이 있다.

수렵에 종사하거나 산림 · 채벌 · 벌목 · 운수업 등에 종사하는 사람이 많다. 만일 몽골 민족의 여러 갈래 중에서도 위와 같은 경향이 있다면 이 중에서 다우르족이 정착 농경 생활이 가장 발달되었을 것이다.

5. 다우르인은 시베리아에 있던 시대에 서로 이웃한 다른 민족에 비하여 비교적 문화 수준이 높은 편으로 이들 중에서 주도적인 역할을 하고 있다. 혹은 남에서 북으로 가는 문화의 매개체가 되기도 하고, 혹은 상인이 되어 능력을 발휘하기도 하였다. 지금 중국 동북지구 안에서 다우르족과 그밖의 몽골 민족의 여러 갈래와 서로 비교해 본다면 이들의 질박하고 용감한 기질이 열등하게 변하였으나 다만 정치면에서는 우수한 재능을 드러내고 있다.

6. 다우르족과 라마교 사이의 관계는 극히 엷은 편이다. 지금까지 다우르 출신 라마는 하나도 발견되지 않고 있다. 다우르족이 거주하고 있는 지역에는 단지 서룬치 남둔(南屯)에만 라마 사원이 있다. 그러나 거기에서도 주민들과 사원 사이의 관계 또한 다른 몽골지구처럼 그렇게 긴밀하지는 않다. 게다가 다우르족의 종교는 지금까지도 여전히 고유한 샤머니즘을 바탕으로 삼고 있다. 이 점에서 몽골 민족의 여러 갈래와 비교해 본다면 유일하다고도 할 수 있다.

다우르족의 총인구가 얼마나 되는지는 여전히 명확하지 않다. 어떤 사람은 신장의 이리 등 지역을 제외하고 중국 국내에 13만의 다우르인이 있다고 한다. 만약 이것이 사실이라면 90퍼센트 이상의 다우르인이 눈강 유역에 거주하고 있다. 아울러 또 흥안동성[6] 관할하에 있는 사람이 2만 명 이하라고 한다.[7] 그렇다면 대부분 다우르인은 흑룡강성에 거주하고 있다. 위에 기술한 것처럼 다우르족이 분포하고 있는 중요한 지역은 흑룡강을 중심으로 한 눈강의 주류와 지류 유역이다. 중국내 다우르족은 전체 민족의 종교 생활의 차이를 근거로 하여 대체로 아래와 같은 네 집단으로 구분하여 나눌 수 있다. 이들의 가장 오래된 샤머니즘을 네 개의 집단으로 나눌 수 있으며, 이 샤머니즘이 그 동일성을 구현하는 기본적인 신앙이라는 것은 의심의 여지가 없다. 단지 각 지역 중에는 이웃민족의 서로 다른 종교의 영향으로 인하여 서로 차이가 드러나 약간의 신앙 복합체를 나타내고 있다.

1. 부터하〔布特河〕 집단: 이곳은 청대 동서 양쪽 푸터하를 포함하는 눈강 주류와 지류 유역 일대 주민 집단이다. 이 지역은 비교적 편벽하기 때문에 고유 종교의 전승과 보존이 가장 농후하다.

2. 치치하얼〔齊齊哈爾〕 집단: 치치하얼을 중심으로 한 용강현(龍江縣) 부근 일대에 거주하는 집단이다. 이 집단과 푸터하 집단은 지역상 경계선을 나눌 수 없다. 그러나 다우르 민족으로 말한다면 이들이 한족과의 접촉이 가장 빈번하다. 이로 인해 이들의 생활은 여러 면에서 한족의 영향을 받았으며 종교에서도 도교가 스며들어 있다는 것이 이들의 현저한 특색이다. 예를 들면 이들의 고유한 신앙 중에 나타나는 여러 신령은 도교의 여러 신령에게 자리를 내어 주는 경향이 이 집단 속에서 아주 명확하다.

---

6) 滿洲國 興安東省.

7) 興安東省 公署《興安東省事情》, p.17, 《省內人口表》(康德 4년 12월말 현재)에 의하면 성내 몽골족의 인구는 1만 8천5백98명이다.

3. 원훈(瑷琿) 집단: 이는 원훈현을 중심으로 거주하는 집단이다. 이들은 일상 생활의 여러 면에서 자각하든 자각하지 않든 만주족의 영향을 받아왔다. 그러므로 종교면에서도 가장 강렬한 영향을 받았다. 단지 이 집단 중에는 아타칸, 즉 이미 샤먼의 자취가 사라졌으니 이는 만주족의 영향을 받았을 것이다.

4. 하이라얼 집단: 이 집단의 대다수 사람들은 서룬치 이둔(二屯), 즉 남둔(南屯) 및 머헐투(墨和爾圖)에 거주하고 있으며 일부분은 하이라얼에 살고 있다. 유일하게 몽고 유목 지대에 거주하고 있는 다우르 집단이다. 그러나 이들은 이런 환경 속에서도 여전히 정착 생활을 하고 있다. 단지 이 집단은 앞에 기술한 농경을 주로 하는 세 개의 집단과는 상반되게 농경과의 관계는 극히 옅으며, 관료나 운수업에 종사하는 사람들이 많다. 종교에 있어서도 라마교의 영향이 앞의 세 집단 중 어느 집단보다도 강하다. 신앙의 기초는 샤머니즘이 두드러지고 있으나 남둔에는 라마사원이 있으며 남둔 다우르 사람들은 얼마간 라마교의 영향을 받고 있다. 이들의 집안에는 모두 불상과 샤머니즘의 신령을 함께 모시고 있다.

이밖에도 후란(呼蘭) 집단 등에는 이들의 한화 정도나 종교에 있어서 불교나 도교의 영향을 받은 정도가 아주 두드러진다는 것을 알 수 있으나 여기에서는 더 언급하지 않겠다. 본고는 부제에서 말한 것처럼 하이라얼 집단을 중심으로 전개하도록 한다.

二. 씨족 집단

다우르족은 원래 20여 개 혹은 많으면 30개의 성씨 집단으로 구성되어 있다.[8] 성씨(姓氏) 집단의 의미를 표시하는 단어로 지금은 만주어인 하라(hala: 哈拉)를 보편적으로 사용하고 있다. 어떤 때는 몽골어인 오복(obok: 斡勃黑)을 사용하여 표시하기도 한다. 어느 지역은 다우르어 중에서 이를 비릭(bilik: 必力克) 혹은 부루그(bulug: 布魯格)로 부르기도 하는데, 이에 대해서는 깊이 있게 조사할 생각이다. 만일 그렇다면 비릭이 바로 원래 씨족 집단을 표시하는 어휘일 것이다. 다만 현상으로 분석해 보면 아마도 많은 비릭(하라)이 넓은 지역에 확대되어 분산되면서 일찍이 사회구조 면에서 단체 집단의 기능을 충분히 발휘하지 못하였을 것이다. 그러므로 비릭은 단지 성씨·성씨 집단·족속을 나타내는 어휘로 되었을 뿐이다.

지금의 현실에서는 이른바 씨족 집단이라는 기능을 완성하는 것을 성씨집단의 갈래 집단이라고 부르는데 일반적으로 만주어와 같은 머훈(mohon: 莫渾) 혹은 머쿤(mokun: 莫昆)으로 부른다.[9] 원혼 거주 집단에서는 비릭으로 부르고 하라로 성씨 집단을 표시하고 있다. 하이

---

8) 다우르족의 성씨의 수에 대해서는 지금까지 아직 명확하지 않다. 이에 대하여 만일 사학자들이 문헌을 통하여 연구하지 않는다면 정확한 답안을 얻을 수가 없다. 어떤 사람은 사지 하르한을 조상으로 하는 다우르인에게는 18개 성씨가 있다고 하나, 그 범위는 여전히 분명하지 않다. 내 손에 있는 여러 문헌을 정리하고 다른 지방에서 얻은 모든 다우르족 성씨를 수집하면서 다우르족 성씨 40개를 발견하였다. 다만 이 성씨에 대한 연구를 하면서 그 중에는 아주 많은 퉁구스 즉 서룬족과 다른 이웃 민족의 성씨를 포함하고 있는 것이 명확했다. 아울러 이들 성씨는 전부 지명에서 왔다는 것을 느낄 수 있었다. 나는 이들 성씨의 일람표를 만들어 고증을 하여 빠른 시일 안에 발표하려고 한다.

라얼 거주 집단에서는 머쿤이란 명칭은 이들이 전에 거주했던 지명에서 왔다고 여긴다. 윈훈 거주 집단 중의 부루그라는 명칭도 이전에 거주했던 지명에서 왔다고 한다.[10] 그러나 이것은 부터하, 혹은 그 밖의 어느 다른 지역을 가리키는 것인지에 관해서는 지금 확정할 수 없다. 대략 300년 전에 다우르 전 민족은 흑룡강 동쪽 연안에서 남하하여 최초로 눈강 유역의 여러 지역에 정착하였는데, 아마도 머쿤이라는 지명이 생겨난 거주 지명이 있었을 것이다. 예를 들면 용강성 너허현 망나이둔〔莽乃屯〕에는 모두 2백50호가 살고 있으며, 전부 고볼 하라 (gobol hala)에 속한다. 이들은 어물 머쿤(emul mokun: 남쪽 머쿤이라는 의미) 및 호이나 머쿤(hoina mokun: 북쪽 머쿤이라는 의미) 등의 두 가지로 나누어진다. 이것으로 추정하면 머쿤이라는 이 명칭은 다우르족이 흑룡강 동쪽 연안에서 남하한 후에 명확한 변화가 생겨났다. 게다가 머쿤제의 발전은 다우르족의 남하 이후인가? 이런 의문에 대한 근거들도 있다. 다만 이점에 대해서는 장래 부터하 거주 집단의 명칭 등에 관한 실제 상황을 자세히 조사 연구하여 더욱 정확한 추론을 내려한다.

하이라얼 거주 집단의 각 머쿤은 모두 자신들이 200여 년 전에 여기로 와서 거주한 남성 조상에서 발전되어 왔다고 믿는다. 이들은 모두 남성 조상에서 왔다는 의식으로 결합된 사람들의 집단이다. 이들

---

9) 논문의 중간 중간에 한자식 표기와 영어식 표기가 서로 어긋나는 경우도 있고 해서 혼란을 피하기 위해 이후 이 용어는 '머쿤'으로 통일하고자 한다. 즉 영어식 표기에 'mohon' 'mohun' 'mokun'의 3종류가 있는데 의미의 차이는 없을 뿐 아니라 발음에도 큰 차이가 없으며, 다만 만주 토착어임을 쉽게 인지할 수 있게 하기 위해 이를 선택했다. 〔역주〕

10) 예를 들면 윈훈 거주 집단의 성씨(하라)의 하나인 두온 하라(duonhala)는 7개의 성씨 집단(즉 bilik)으로 구성되어 있다.

에게는 족보도 있고 씨족 공동신이 있으며, 함께 제사를 올리며 씨족은 자신들의 남성 조상이 온 곳의 지명을 명칭으로 삼은 혈연 집단이다. 이들의 족외혼 단위는 머쿤을 주체로 한 하라이다. 여성은 혼인 후에 다른 성씨로 들어가게 된다. 즉 기혼 여성은 친정집 하라-머쿤의 성원이 아니고, 시집의 하라-머쿤 성원으로 귀속된다. 그러므로 머쿤의 성원은 원칙상 본 머쿤에서 출생하여 본 머쿤에 머물러야 할 남녀와, 혼인을 통하여 다른 성에서 이 머쿤에 온 여성으로 구성된다. 현재 하이라얼 거주 집단의 각 머쿤 중에는 이미 공인된 수령 지위의 인물이 없다.[11] 이 글에서 사용되는 다우르 씨족에 관한 용어는 하라-머쿤에 상당한다.

현재 하이라얼 거주 집단 중에서 명확하게 존재하는 성씨에는 아우라 하라(aula hala)·고볼 하라(gobol hala)·멀던 하라(merden hala)·오논 하라(onon hala) 등의 네 종류가 있다. 이밖에도 바이기르 하라(baigir hara)가 있으며, 바이기르 하라에 속하는 것은 남둔의 몇 호에 불과하다. 현재 이들은 바이기르 오보(baigir obo)라는 명칭의 잔존으로 보고 있으며, 이들은 상당히 현저한 지위로 남둔 사회에 존재했었으나 지금은 단지 한 가구만이 남아 있다. 위에서 말한 이런 씨족들은 퉁구스-서룬족에서 기원되었을 것이나 지금은 아우라 하라 외에는 모두 다우르화 되었다. 위의 성씨 외에도 관리가 되었거나 어떤 원인

---

11) 池尻登의《達斡爾族》, p.78: "머쿤의 우두머리를 모훈다(mohunda)라 하며, 그의 직책은 머쿤의 공공 사항을 위하여 머쿤의 성원을 소집하고 회의 호랄(horal)을 주재하면서 상의를 거행하고 특정한 관련 사항을 심판한다. 그는 또 착오를 범했거나 범죄를 저지른 사람을 습관법에 따라 장형이나 다른 처벌을 내릴 권력을 갖고 있다. 청대에 능력이 있는 모훈다는 세습관직에 봉해지기도 하였으나, 시대의 변천에 따라야 하며, 모훈다는 점차 누투크다, 가차다, 아리다가 되었으며, 이미 이름만이 남아 있을 따름이다. 현재 그의 권리는 단지 머쿤 내부의 결혼이나 상장 제사 등에 한할 뿐이다." 이것은 부터하 공동체의 머리다와치 지역의 보고서이다.

으로 수년 이래 여기에 와서 거주하는 다우르인 중에도 어떤 사람들은 다른 성씨에 속하는 사람도 있으나 여기서는 상세히 논하지 않도록 한다.

다우르 각 족 거주 집단의 사람들은 문자로 자신들의 성씨를 표현할 때에는 주로 그 성씨 첫음의 한자를 대표로 표시한다. 이렇게 한족의 성씨를 모방하는 상황은 아주 많으며, 이들이 사용하는 한자는 지역에 따라 약간의 차이가 있으나 대다수는 일치하고 있다. 하이라얼 거주 집단의 4종류의 성씨로 말하면 이들은 각자 오(敖)·곽(郭)·맹(孟)·악(鄂) 등의 한자를 사용한다. 이런 현상은 문자로 표현되는 서면어에서 나타나고 있으며, 구두어에서는 성씨의 원음을 사용하여 발음하고 있다.

이렇게 하이라얼 거주 집단 중에는 4종류의 하라와 5종류의 머쿤이 있다. 그 중에서는 단지 아우라 하라만이 2개의 머쿤으로 나누어졌으며, 그 나머지 3개의 하라는 각자 하나의 머쿤만이 있다. 상술한 하라 명칭의 순서에 따라 각종 머쿤 명칭의 통칭을 기록하면 다음과 같다. 덴터커 머쿤(denteke mohun)·쿠리에친 머쿤(kureachin mohun)·만나 머쿤(manna mohun)·아락찬 머쿤(alakchan mohun)·보숙첸 머쿤(bosokchien mohun)이다. 다우르어 중에서 chi는 '사람'을 표시하는 단수이고, chin·chan·chien은 '사람들'을 나타내는 복수이다. 덴터커 머쿤의 덴터커는 앞에서 말한 것처럼 부터하의 지명이다. 쿠리에친 머쿤의 쿠리에친은 원래 쿠리에(kurie: 지명)의 사람들이란 의미이다. 사람들은 덴터커 머쿤의 사람들을 부를 때 덴터커친이란 단어를 사용하며, 쿠리에친 머쿤의 사람들을 부를 때는 여전히 쿠리에친이란 말을 사용한다. 이렇게 해서 우리는 하이라얼 거주 집단 중에서 머쿤의 명칭에는 두 종류의 명명 방식이 있다는 것을 알 수 있다.

하이라얼 거주 집단 일람표

성씨명	한족식 성씨명	성씨 집단 갈래 이름	소속 호구수 남둔	소속 호구수 머헐투	소속 샤먼 이름	다우르 이름
auia	敖	denteke	30	10	bingo(男)	boholdie?
aula	敖	kuriechin	3		jabo(男)	dolon merden
gobol	郭	manna	40	15	fang(女)	ulan burhan
merden	孟	alakchan	20			
onon	鄂	bosokchien	5		lama(男)	duwechin kure

　　본표 중의 호구는 단지 개략적인 숫자일 따름이다. 아울러 남둔 및 머헐투 이외에도 하이라얼처럼 다우르족이 거주하는 지역이 있다. 그러나 여기에서는 단지 이둔(二屯)만을 열거하며 사람들은 본 표의 숫자만으로 하이라얼 거주 집단의 개황을 이해할 수 있을 것이다. 덴터커 및 만나 두 머쿤처럼 동일한 머쿤의 사람들은 서로 다른 두 지역에 살고 있다. 그러나 이들은 각자 지역안에서 가가호호가 서로 이웃하여 거주하는 경향이 극히 농후하다. 예를 들면 덴터커 머쿤은 남둔의 서부에 모여 하나의 마을을 구성하고 있으며, 머헐투에서도 이들은 동부에 모여 살고 있다. 만나 머쿤은 남둔의 동부에 하나의 집단을 형성하고 있으며, 머헐투 서부에도 마을을 형성하고 있다. 보숙첸 머쿤은 만나 머쿤에 이웃하고 있으며, 남둔의 동부에 취락을 구성하고 있다. 아락찬 머쿤은 남둔의 남부에 취락을 형성하고 있고, 쿠리에친 머쿤은 그 옆에 모여 살고 있으며, 이 두 머쿤은 남둔의 남부에 촌락을 구성하고 있다. 끝으로 제시한 2개의 머쿤은 2년 전까지 줄곧 하이라얼 근교의 서둔이라 부르는 곳에서 한 마을을 구성하여 살고 있다. 그러나 어떤 원인으로 인하여 모든 가구가 남둔으로 이주하여 남둔의 남부 취락을 만들었다.

三. 씨족 샤먼과 무조(巫祖)

다우르어(語) 중에서 남녀 샤먼의 성별을 구별하는 칭호가 없으며 모두 야타칸(yatakan) 혹은 야다칸(yadakan)으로 부른다. 바얼후(巴爾虎)인을 포함하는 부리아트인, 어룬춘(鄂倫春)족, 카얼카(喀爾喀)인은 모두 남(男) 샤먼을 '버(孛)' 혹은 '버어(孛額)'라고 부르며, 이와 대응하여 여(女)샤먼을 우도간(巫都干)·이도간(伊都干)·우더건(巫得根) 등으로 부른다. 단지 다우르족만이 예외이다. 하이라얼 거주 집단 중에서 야다칸이라는 이 칭호와 함께 많은 상황에서 만주어 혹은 서른어의 '샤먼(saman)'으로 부르기도 한다. 더욱이 무(巫)의 고유명칭을 사용할 때는 모두 샤먼으로 표시한다. 단지 브터하 거주 집단 중에서는 샤먼이라는 이 명칭이 보편적이지 않다. 본고 중에 때로 야타칸이라 쓰기도 하고, 때로는 샤먼이라 쓰기도 하며, 때로는 무라 쓰기도 하는데, 이들은 모두 동일한 의미이다.[12]

하이라얼 거주 집단의 5개 머쿤 중에 현재는 5명의 샤먼이 있으며,

---

12) 이후 巫, 즉 무당을 지칭하는 말로는 '샤먼'으로 통칭하고자 한다. 그래서 '巫'라는 한자어가 다른 한자와 묶어서 사용되는 경우, 즉 巫衣·巫冠·巫裝·巫鏡·巫系·巫道·巫業 및 女巫·男巫·世襲巫·氏族巫 등의 용어에 대해서는 의미의 갈등이 없는 한 풀어서 사용하고자 한다. 샤먼의 의복, 샤먼의 모자, 샤먼의 장식, 샤먼의 거울, 샤먼의 계보(또는 계통·계열), 샤머니즘 또는 샤머니즘, 샤먼의 직무 또는 샤먼의 업무, 남샤먼, 여샤먼, 세습 샤먼, 씨족 샤먼 등. 그러나 다만 일일이 풀어서 전달하기에 다소 무리가 있는 경우에는 그대로 사용하기로 한다. 예를 들어, '巫祖'는 '샤먼 조상'으로 풀 수도 있으나 '무조'라는 말 속에는 샤먼의 계통을 잇는 많은 이전의 샤먼들뿐 아니라 특히 하나의 머쿤 속에서의 최초의 샤먼이라는 의미도 포함하고 있다. 그렇다고 해서 '始祖 샤먼'으로 풀기에도 무리가 있기 때문에 일단 그대로 사용한다. '巫統'도 '샤먼 계보'나 '샤먼 계통' 등으로 풀 수 있겠지만 역시 매끄럽지가 않다. 이 용어도 그대로 사용한다. 우리말에서 道統·法統 등으로 사용하고 있기 때문이기도 하다. 〔역주〕

그 중 하나는 여샤먼이다. 단지 아락찬 머쿤의 샤먼만이 십몇 년 전에 이미 죽었고, 아직까지 계승자가 나타나지 않고 있다. 그밖의 4개 머쿤에는 각기 1명씩의 샤먼이 있다. 여샤먼은 팡구(fangu) 샤먼으로 머헐투의 만나 머쿤의 집에서 출생하여, 덴터커 머쿤의 집으로 시집왔다. 그녀는 만나 머쿤에서 사제의 임무를 맡고 있다. 이 4명의 샤먼은 남둔에 살고 있으며, 빙고(bingo) 및 팡구(fangu) 2명의 샤먼은 서부에 살고 있다. 라마 샤먼(lama saman)은 동부 취락에 살며, 자부 샤먼(jabo saman)은 남부 취락에 살고 있다. 단지 라마 샤먼은 나이가 많기 때문에 이미 무술을 멀리하였으며, 그 나머지 3명은 지금도 여전히 활동하고 있다.

이들 샤먼의 존재 및 기능은, 현재 중국 동북지구의 한족 샤먼처럼 단지 개인의 범위에 한정되지 않으며, 머쿤을 단위로 한 공적인 성질을 농후하게 띠고 있다. 이들의 이런 성격이 가장 분명하게 드러나는 것은 이들 개개인마다 모두 사람들이 머쿤 샤먼이라고 부른다는 사실에서도 알 수 있다. 머쿤 샤먼은 원칙적으로 자기 머쿤의 무통(巫統)을 계승한 샤먼이며, 아울러 반드시 자기 머쿤의 종교적인 요구를 충실하게 완성해야 하는 기능을 띤 샤먼이다. 만일 명실상부한 머쿤 샤먼이라면 그의 기능은 자기 머쿤의 종교적인 요구에 충실해야 할 뿐만 아니라, 아울러 개인의 요구에 따라 무술을 시행해야 하는 개인적인 직능을 겸비해야만 한다.

무통의 관계 중에서 가장 중요한 것은 오주르(ojor) 신앙이다. 오주르의 어의는 뿌리·본원·근본이다. 오주르란 이 개념은 현실 속에서 광의와 협의의 두 가지 내용으로 사용된다. 협의의 오주르는 많은 경우에 각 씨족의 최초 샤먼인 야타칸, 즉 씨족의 무조(巫祖)를 표시한다. 아울러 때로는 그 무조에게 빙의한 신령을 표시하기도 한다. 각 씨족 중에서 그들의 오주르에서 발전되어 온 샤먼의 계통을 계속 이어내려 가며, 각 샤먼은 원칙적으로 그 샤먼 계통의 계승자이다. 이 점에서는 본인은 물론 다른 사람들도 인가하고 있는 듯하다. 광의의 오주르는 씨족 무조에 한정되지 않으며, 그 계보 중의 역대 샤먼을 통칭하는데 사용하기도 하며, 때로는 이것으로 그 중에서 특정한 몇 명의 샤먼을 표시하기도 한다. 샤먼 계통을 계승한다는 말은 자기 머쿤의 어느 한 오주르의 뜻에 따라 선택되어 샤먼이 되었다는 것이다. 지금, 자기 샤먼 계보의 역대 오주르의 상세한 내력을 모두 기억하는 샤먼은 아직 발견하지 못하였다. 우리가 조사한 범위 안에서 다수의 샤먼은 단지 4대 내지는 6대 오주르의 명칭을 기억해 낼 수 있었다. 협의의 오주르의 명칭을 기억해 낼 수 있는 예는 비교적 많으며, 그 중에는 전설적인 것도 적지 않다. 하이라얼의 사례는 다음과 같다.

1. 우란 부르한(ulan burhan: 紅神이란 뜻): 만나 머쿤의 오주르이다. 이것은 청나라 조정이 일어났을 시기의 이야기이다. 조상들이 흑룡강 저 편에 살고 있을 때, 청군은 강렬하게 조상들에게 그들을 도와 전투에 참가하라고 요구하였다. 다만 선조 중의 한 사람이 응답을 하지 않았기 때문에 그를 감옥에 가두었다. 그는 감옥에서 토겔(togel: 작은 새의 이름)로 변하여 옷을 남겨두고 자신의 친족이 살고 있는 곳으로 돌아왔다. 뒤에 그는 만나 머쿤 최초의 야타칸이 되었으며, 사람들은 그를 우란 부르한이라 불렀다. 만나 머쿤의 가가호호에서는 모두 그를 제사지낸다고 한다.

2. 두어친 쿠러(duwechin kure): 보숙첸 머쿤의 오주르이다. 몇 백년 전에 오눈 하라의 한 남자가 벼락에 맞아 죽었으며, 이 남자의 영혼이

그 하라의 한 남자에게 붙게 되었다. 이로부터 이 사람은 오눈 하라 최초의 야타칸이 되었다. 벼락에 맞아 죽은 사람을 두어친 쿠라라 불렀으며 오눈 하라의 오주르가 되었다. 부터하의 오눈 머쿤 중에도 이 오주르에 관한 전설이 전해 내려온다고 한다.

3. 도론 멀던(dolon merden: dolon은 일곱의 뜻이며, merden은 지명에서 왔다): 쿠리에친 머쿤의 오주르이다. 대략 3백 년 전에 이 머쿤의 선조는 여전히 부터하 지역에 살고 있었다. 한번은 그 머쿤에서 다른 성으로 시집 간 여인이 시집에서 친정으로 돌아오는 도중에 멀던이라는 지역에서 벼락을 맞았다. 그러나 죽지는 않았으며 몸에서 열이 나는 것을 느낄 수 있었다. 이 여자는 어렵사리 친정으로 돌아왔으며, 오래지 않아 야타칸이 되었다. 그러므로 도론 멀던을 쿠리에친 머쿤의 무조라고 부른다. 같은 머쿤의 집집마다 모두 이 오주르에게 제사를 올린다고 한다.

4. 댄터커 머쿤의 오주르 명칭은 보호르디에(boholdie)라 하는데 이는 전해오는 말이며 더 조사할 필요가 있다. 이전에 이 머쿤의 한 여인이 어느 날 들에서 벼락에 맞아 죽었다.[13] 며칠이 지나지 않아 머쿤 내의 여인과 아이들이 모두 미친 사람처럼 되어 자기는 어느어느 지역에서 벼락에 맞아 죽은 여인이라고 하면서, 이후 이 머쿤의 신이 되었으니 내게 제사 지내라고 하였다. 이로부터 이 머쿤의 집집마다 그 벼락에 맞아죽은 여인의 우상(샤먼을 대신하는 몸)을 모셔 놓고 향을 살라 제사지냈다. 그리고 얼마 지나지 않아 여인과 아이들의 이상한 증상이 모두 사라졌다. 이후로 사람들은 벼락에 맞아 죽은 여인을 오주르로 삼아 제사지내게 되었다. 이 여인의 영혼이 몸에 들어와 덴터

커 머쿤 최초의 야타칸이 나타나게 되었다고 한다.

5. 아락찬 머쿤 중에도 당연히 오주르 신앙이 있다. 단지 오주르의 고유명칭과 전설이 전해 내려오지 않고 있을 뿐이다. 부터하에서는 아락찬 부르한과 관련된 신앙이 있으며, 이 신은 아주 힘이 강하며 무섭다고 한다. 그러나 이 신이 오주르인지 아닌지는 여전히 명확하지

---

13) 하이라얼 거주 집단 중에 전해지고 있는 4가지 무조전설 중의 3가지는 벼락과 관계되어 있다. 벼락은 다우르족 신계(神系)의 최고신인 텅그리 부르한(tengri burhan)의 명령집행자라고 여겨진다. 예를 들면 인간에게 출현하는 악한 순수(sunsu: 영혼이란 의미)인 부트쿠선 아타키(butukusen ataki: 거미정령이라는 의미) 등은 인류에게 아주 해로운 것으로 누구도 그것을 처치할 수 없을 때 텅그리 브루한이 이 마귀를 진압하여 인간에게 평화를 주도록 벼락을 내려보낸다. 이들은 천둥소리를 텅그리 도도남(tengri dodona: 천신이 부르는 소리, 몽골어)라고 하며 부터하 거주 집단에서는 천둥소리를 혼도루 도우도베이(hondolu dowodobei)라 하고, 벼락을 다우 보베이(dau bobei: 소리가 내려온다는 뜻)라 한다. 이들은 천둥이 울리고 번개가 치는 소리를 텅그리 브루하니, 텅그리 우수(tengri usu: 하늘의 털이라는 뜻)라는 금속 물체를 내려보내어 악령을 죽인다고 여긴다. 텅그리 우수와 텅그리 부르한은 직접적인 관계가 있으므로 아주 큰 영역을 지닌 성물로 여긴다. 샤먼마다 모두 이런 물건을 소장하고 있다. 일반인은 그 조종법을 알지 못하고 해를 당하는 위험한 물건으로 여기므로 이들이 만일 이것을 주우면 반드시 샤먼에게 가져간다. 여인은 절대 텅그리 우수를 만질 수가 없으며 만일 이 물건과 접촉하면 온몸에 종기가 나며 출산한 집이나 상가에는 갈 수가 없다. 또 이 물건을 어린아이 목에 걸면 악령들이 가까이 올 수 없다. 또한 벼락에 맞을 위험도 없다. 얼마나 심한 종기라도 무가 이 물건을 가지고 종기 주위를 한 바퀴 돌리면 곧 나을 수 있다. 나는 자푸 샤먼에게서 이 물건을 보았는데 그는 이것을 신성한 무구(巫具)로 여겨 세 가닥의 염주를 사용하여 묶어 놓고 있었다. 그밖에 하나는 청동인형이고 또 다른 종류는 청동 화살촉처럼 생긴 물건이며 또 다른 종류는 정밀하게 조각한 보물구슬형의 물건이다. 어느 종류이든 인공으로 제작한 것들이다. 그러나 그는 마치 그것이 텅그리 우수라고 믿는 것 같았다. 이런 물건을 사용하여 악령을 목표로 적중시킬 때 그 옆에 있는 사람들도 말려들어가 죽는다고 한다. 그러나 그들의 죽음은 하늘의 기운을 느꼈기 때문이며 이것은 신비한 것으로 여겨 그를 옹구르로 삼아 사람들이 제사 지낸다. 만일 어떤 사람이 벼락에 맞아 죽으면 곧 샤먼이나 라마를 청하며 샤먼은 죽은 사람을 높은 대 위에 올려놓고 왜 벼락에 맞았는지에 대한 원인을 설명하고 또 어느 방향에서 텅그리 우수 등이 내려왔는지를 서술하면서 이 일은 반드시 일어날 것이었다고 말한다. 내가 들은 바로는 그들이 벼락이나 벼락에 맞아 죽은 현상을 해석하는 것은 이와 같았다. 이후 더 한층 상세하면서 깊이 있는 조사를 필요로 한다.

않다. 게다가 하이라얼 거주 집단 중에서도 이 신의 이름을 아는 사람이 없다.

오주르의 출현에 관하여 여전히 조사해야 할 몇 가지 문제들이 있다. 예를 들면 위에 기술한 오주르 중에서 우란 부르한 등은 머쿤 범위 내의 오주르라고 말해야 될 것 같다. 그러나 만나 머쿤이란 이름이 부터하시대 이후에 생겨났다면 우란 부르한도 아마 더욱 광범위한 고볼 하라의 다른 머쿤과 관계가 있을 것이다. 두어친 쿠러 중에서는 우란 부르한을 명확하게 하라 오주르로 전승하고 있다. 이것으로 추론해 보면 다른 지역의 동일한 하라 중에서도 반드시 동일하거나 혹은 유사한 오주르의 전승이 있을 것이다. 부터하 거주 집단 중에서도 풍부한 오주르 전설이 있다고 한다. 본인은 이들 전설을 널리 채집하여 비교 연구하고자 한다. 우리는 아직 씨족 무조 전설에 관련된 것 외에는 전민족적인 무조의 전설이 존재한다는 실마리를 찾지 못하였다.

하이라얼 거주 집단 중에서 하나의 머쿤 중에는 당연히 머쿤 샤먼한 사람이 있어야 한다. 게다가 만일 오주르가 현재의 샤먼에 만족하지 못할 때, 가령 만일 샤먼이 오주르의 의지를 만족시킬 수 없는 무능한 사람일 경우에는 오주르 머쿤 안에서 다른 샤먼이 나타나 머쿤 내의 종교적인 요구를 만족시키게 된다. 하이라얼 거주 집단 중에서 어떤 사람은 한 머쿤 안에 2인 이상의 야타칸이 존재할 수 있다고 해석하고 있으나, 현재까지 이 거주 집단 중에서는 이런 사례가 없다.

오주르의 우상은 샤먼의 집은 말할 것도 없으며 일반 다우르족의 집집마다 보편적으로 모시고 있다. 이들 우상은 모두 짐승 가죽이나 혹은 짐승 털로 짠 담요로 제작한 높이 10~20센티미터 길이의 사람 형상으로 대다수는 유리 구슬을 안구로 사용하고 있다. 그러나 이들 우상의 제작은 극히 간단하여 대부분이 사각으로 된 천 조각을 이어서 만들고 있다. 이들은 이들 우상을 오주르 혹은 아인(ain: 하이라얼에서) 또는 하인(hain: 치치하얼에서)이라 부른다. 아인과 하인은 우주르의 우상이라는 의미인 듯하다.

아인을 모시는 장소는 반드시 고정된 것은 아니다. 하이라얼 거주집단 중에서 대다수는 주실의 서쪽 칸에 모시고 있으나, 만일 서쪽 방을 남북 두 칸으로 나누면 신상을 넣어둔 작은 나무 상자를 남측 서쪽칸 방벽의 동쪽 창 위에 모셔둔다. 치치하얼 거주 집단 중에서는 대부분 나체가 드러난 신상을 주실 서쪽 칸에 모셔두고 있다. 서쪽 칸을 두 칸으로 나눌 때에는 신상을 남쪽을 향한 서쪽 칸의 담에 올려놓고 모시거나 혹은 신상을 주실 입구의 정면에 놓아두거나 얼굴을 남쪽으로 향하게 하고 모시기도 한다.

집집마다 모시는 신상의 수는 고정적이 아니다. 내가 본 것은 대부분 3개에서 5개였다. 이들 신상은 주로 최근 수십 년간 활동해 왔던 샤먼의 아인이며, 더욱 중요한 것은 이들 집집마다 모두 머쿤 샤먼의 아인에 속한다는 것이다. 각 신상 위에는 샤먼의 개인 이름을 걸어 놓는 것이 자주 보이고 있으나, 단지 아인 혹은 오주르라고 말하거나 혹은 하인 부르한(hain burhan) 등이라고 하면서 그 개인 이름은 기억하지 못하고 있다. 이는 시대의 교체에 따라서 오래된 기억들이 희미해져 가고 오래된 아인은 새로운 아인으로 교체되었기 때문이다. 씨족 무조의 아인은 여전히 교체되지 않고 있다. 관례에 따르면 만일 한 샤먼이 죽으면 이 샤먼과 관련된 집집마다 곧 이 샤먼의 아인을 제작하여 모셔야 한다. 이들 집들은 첫째 그 샤먼과 동일한 머쿤에 속한 모든 가가호호를 포함하며, 둘째 다른 머쿤에 속하는 집들도 그 샤먼의 은혜를 입어서 그 가족의 불행한 질병 등을 구해 준 집들도 이에 속하게 된다. 아인 숭배 중에는 일종의 특수한 형식이 있다. 이것은 바로 여인이 다른 집에 시집갔을 때, 친정집 머쿤의 아인을 가져간 연후에 개인적인 형식으로 모시고 있다. 혹은 우상을 가져가지 않더라도 혼인 후에 질병 등의 불행한 일을 당하고 그 원인이 친정집 머쿤의 오주르와 관련이 있다고 판단되면 그 아인을 제작하여 개인의 명의로 모신다. 이들은 이런 아인을 나질 아인(najil ain) 혹은 나질 부루한(najil burhan) 등으로 부른다. 나질은 '모친의 친정' 혹은 '아내의 친정'을 의미한다. 나질 아인은 남편 머쿤의 오주르 아인이 아니므로 그 신앙 또한 아내 한 사람과 관계가 있다. 그러므로 그것을 남편의 아인과 동일한 위치에 모실 수가 없으므로 창고가 있는 사람은 대부분 창고의 한 모서리에 놓아둔다. 단지 주실만 있는 집에서는 대부분 서북쪽 벽 등에 모시며 원칙적으로 이들 우상은 남편 집 아인과 격리하여 모셔야만 한다. 아울러 이를 두려워하여 제사지내고 받들어 모시는 것은 아내 한 사람 뿐이다. 이들은 또 나질 부르한이 가져온 질병의 불행을 당하는 사람은 단지 아내 한 사람 뿐이며, 남편집 사람들과는 전혀 관계가 없다고 말한다. 이 여자들이 낳은 아이들도 당연히 그 남편과 같은 머쿤에 속하므로, 이런 신앙 또한 이들 아이들에게 계승되지 않는다. 이러므로 아내가 죽은 후에는 이들 나질 아인을 들판이나 냇물에 버려버린다.

다우르족의 나질 부르한에 관해서 시로코고로프는 다음과 같이 기술하고 있다. "다우르족 중의 이런 나질이라는 말은 '내 모친의 친척들'이라는 뜻을 나타낸다. 그러므로 여자들은 자기 마음속에서 주로 자기 모친을 생각하고 있으며, 또 모친의 여러 신령들을 생각하고 있다."[14] 이 인용문 중의 여자는 전후 관계로 판단해 본다면 다른 성씨에게 시집간 부녀들을 의미하고 있다. 사실 나질 부르한은 결코 이 여인들 친정집에 소속된 머쿤의 신령이 아니며, 여기에서는 그녀의 생모를 중심으로 한 신앙을 표시하고 있다. 이것은 시로코고르프가 쿠마르 및 피라르 어룬춘 사람들에 대한 말로 이는 그의 독특한 모계 씨족 선행설을 전제로 하여 판단해 낸 것이다. 그러나 내가 조사한 범위로 말한다면, 다우르족의 나질 브루한이라는 개념 속에서는 이미 출가한 부녀들이 여전히 자기 모친의 여러 신령을 생각한다는 일들을 전혀 찾아볼 수가 없었다. 이 신령은 친정 머쿤의 오주르 신앙에 속하며 가령 오주르 외에도 그밖에 약간의 신령들이 있다. 그러나 그것은 부계나 혹은 모계를 통하여 계승한 신령이 아니고 여전히 친정집 머쿤에 속한 신령이다.

四. 씨족 공동 신앙

다우르족 신계 중의 최고신은 텅그리(tengri)이다. 그러나 이들 신앙 생활 중에서 현실적으로 가장 강하고 유력한 작용을 하는 것은 오주르이다. 머쿤 신앙의 중심대상은 오주르이고, 또한 오주르의 의지에 따라야하며, 자기 머쿤의 종교적인 요구를 만족시키기 위해 인간에 파견된 사람을 머쿤 샤먼이라고 한다. 그러므로 머쿤 샤먼 신앙의 중심 대상 또한 오주르이다. 이 범위 안에서 머쿤 샤먼은 완전히 머쿤 공동신앙의 제사장이다. 그러나 다른 한 편으로 머쿤 샤먼은 제사장이면서도 결코 머쿤 신앙의 모든 책임을 질 순 없다. 이 밖에 머쿤 샤먼은 옹구르를 만들어 신에게 제사지내는데 이것은 모든 머쿤의 공동

---

14) S. M. Shirokogoroff, 〈Psychomental Complex of the Tungus〉 p.153.

신은 아니다. 아래에는 머쿤을 단위로 한 신앙 대상인 신령의 종류와 그 제사를 설명하고 이것과 머쿤 샤먼의 관계를 살펴보도록 한다. 필자의 조사에 따르면 머쿤을 단위로 한 신앙 대상의 신령들은 씨족 공동신이며 그 계통의 차이에 따라서 아래와 같은 세 가지 유형으로 나눌 수 있다.

제1계통: 혈통상의 씨족 조상신.

제2계통: 무통(巫統)상의 씨족 조상신, 즉 오주르.

제3계통: 어떤 쪽에도 속하지 않는 씨족 공동신.

제1계통에 관하여 하이라얼 거주 집단의 각 머쿤은 모두 가푸(gyɑpu: 한어로 家譜의 음이 아니다) 즉 족보가 있다. 이것은 전에 기술한 것처럼 부터하에서 온 한 남성 조상신에서 시작된 계보이다.[15] 여기에서 아주 분명하게 혈통상의 역대 남성 조상신의 이름을 알 수 있다.

제2계통은 무통(巫統)상의 씨족 조상신 중에서 전에 기술한 가푸 상의 씨족 무조(巫祖)의 제1대보다 더 오래된 조상신이다. 게다가 여샤먼는 가푸에 씌어진 적이 없으며, 그밖의 예의도 있으나 원칙적으로는 씨족 조상신은 대다수 사람의 범위 속에 포함되고 있다. 단지 이들

---

15) 예를 들면 덴터커 머쿤의 자푸는 푸터하의 언어우(engeuo)로 시작하여 씌어졌다. 그 아래에는 6명의 남자가 있으며 그중 장자는 팡샤우(panxiɑuo) 하이라얼 거주 집단의 최초의 조상이다. 그는 그의 무덤은 현재 훼손되지 않고 있다. 둘째아들과 다섯째아들은 함께 후룬베얼로 왔다가 후에 다시 부터하로 돌아와 살았다. 셋째아들과 넷째아들은 이리로 갔다. 여섯째아들의 상황은 알지 못한다. 팡샤우에게는 세 아들이 있으며 장자의 자손은 단지 세 가구이고 현재 하이라얼 거주 집단에 살고 있다. 빙고 샤먼은 이 계통에 속한다. 팡샤우의 둘째아들은 머헐투에 거주하며 그 자손은 현재 열 가구로 여기에 살고 있다. 셋째아들의 자손은 남둔에 거주하며 현재 이미 약25가구로 나누어져 있다. 이 세 계통은 각자 공동 묘지가 있다. 내가 본 족보 중에는 단지 9대까지 씌어져 있으나 현재 이미 13대에 이르렀다고 한다.

은 생전에 야타칸이었기 때문에 특수한 신앙 대상으로 변한 것이다.

제3계통으로 각 머쿤 중에는 여전히 이 두 계통에 속하지 않은 신령을 씨족 공동신으로 삼아 제사를 받드는 것이다. 덴터커 머쿤의 다부르한(da burhan: 元神의 의미)이 바로 가장 두드러진 예이다.

이상 세 종류의 씨족 공동신은 크고 작건 모두 씨족 수호신의 성격을 띄고 있다. 씨족 공동신은 씨족을 단위로 한 신앙 대상이다. 그러므로 씨족과 서로 관련된 범위 내에서 그 신앙은 공공의 성질을 띠고 있으며, 이는 분명하고도 강한 힘을 가지고 있다. 그러나 그 신앙은 씨족 집단 범위 밖을 벗어날 수 없다는 것이 일종의 원칙이다. 이와는 반대로 씨족 단위의 신앙 대상은 여러 신들 중에서 민족의 일반적인 신앙으로 되어 광범위하게 믿고 따르는 상황도 비교적 보편적이다. 아울러 그 계통의 갈래도 많으며 종류도 다양하고 신앙의 내용과 형식도 아주 복잡하다. 이것들은 본고에서 상세히 기술할 내용이 아니다.

우리가 서술한 이 세 계통의 씨족 공동신의 제사를 서술하게 전에 반드시 샤먼의 옹구르를 설명해야 한다. 이는 씨족 공동 제사의 다수는 실제로는 옹구르를 제사하기 위하여 거행하는 의식이기 때문이다. 이른바 옹구르는 샤먼으로 하여금 더욱더 성숙한 신령으로 나아가게 하고, 샤먼이 샤먼의 일에 종사하면서 없을 수 없는 신령이다. 샤먼은 제사를 지내거나 주술을 할 때 옹구르에 의지하여야하며, 아울러 이것은 샤먼의 소망에 따라 악신을 진압한다. 옹구르는 샤먼을 보호하고 샤먼을 인도하는 신령이라 말할 수 있다. 이로 인해 머쿤 샤먼의 옹구르는 가장 우선 오주르이고, 이 오주르가 제일 중요한 지위를 차지한다. 그러나 여기에서는 단지 오주르에 한정된 것이 아니고 그 밖에도 몇 개의 옹구르가 수반된다. 옹고르의 수는 미정이며 무력(巫歷)의 연장에 따라 증가되는 것 같다. 예를 들면 덴터크 머쿤의 머쿤 샤먼인 빙고 샤먼의 옹구르는 다음과 같은 여섯 종류가 있다.

1) 오주르

2) 다부르한

3) 도카 부르한(doka burhan: 대문신이라는 뜻)

4) 아우라이 부르한(aulai burhan: 산신이라는 뜻)

5) 숨 부르한(sum burhan: 사당신의 의미)

6) 낭낭

그 중에서 1)과 2)는 덴터크 머쿤의 공동신이다. 3)에서 6)까지는 씨
족 공동신으로 보고 있으나, 조사에 의하면 오히려 샤먼 개인의 신령
으로 보는 것이 나을 것 같다. 덴터크 머쿤의 머쿤 샤먼으로서 당연히
1)과 2)를 옹구르로 삼아 받드는 것은 당연하고 중요한 일이다. 그러
나 3)에서 6)까지는 머쿤 샤먼의 교체에 따라 변화가 생겨난다. 그러
므로 이들은 상대적으로 중요하지 않은 옹구르이다. 이렇게 우리는
전에 기술한 세 계통의 공동신과 머쿤 샤먼의 옹구르 사이의 관계를
고려해 볼 수 있다. 제1계통의 신은 원칙적으로 옹구르 안에 포함되
지 않는다. 제2계통과 제3계통은 옹구르의 중심 부분을 구성한다. 그
리고 이들 외에도 약간의 신령들이 이들 옹구르 안에 포함된다. 아울
러 맨 마지막 종류의 옹구르는 본래 씨족 공동신이 아니지만 이들은
머쿤 샤먼의 옹구르로 부씨족(副氏族) 공동신의 성격을 띠고 있다. 씨
족 공동신에 대하여 머쿤을 단위로 정기적 혹은 임시적인 공동제사를
올리고 있다. 씨족 공동 제사 중에서 제2, 제3계통의 공동신에 대한
제사의 차수는 제1계통 공동신의 제사 횟수보다 훨씬 많다는 것이 아
주 분명하다. 제사는 아래와 같은 몇 가지로 분류할 수 있다.

1. 족보제: 가푸 타키베이(gyapu takibei: 족보에 관한 제사)는 혈통에서 씨족 조상신에 대한 일종의 제사이다. 관례에 따르면 족보를 기입하거나 수정할 때 제사를 지낸다. 하이라얼 거주 집단 중에서 샤먼은 샤먼이 아닌 신분으로 이 제사에 참석한다.[16]

2. 신년제: 또 오니 옥투코 타힐가(oni oktoko tahilga: 신년을 맞이하는 제사)라고 부른다. 또는 오니 어르기베이(oni ergibei: 신년을 맞이하여 輪舞한다는 의미)라고도 부르며 또 옥토베이(oktobei: 영접이란 의미)라고도 부른다. 연초에 정기적으로 각 샤먼의 집에서 머쿤을 단위로 이 제사를 거행한다.[17] 이하 제5의 이르둔(irdun)까지 모두 오주르

---

16) 池尻登, 《達斡爾族》 p.87: 각 머쿤에는 자기의 계보가 있으며, 통상 매3년, 5년, 7년마다 한번씩 펼치고 머쿤 내의 출생과 사망 등 인구 변동 상황을 기록한다. 家譜를 열도록 하는 결정과 가보를 열 때에는 모두 샤먼이 참가하도록 요청한다. 여기에서 샤먼은 단지 야타칸에 한한 것이 아니라, 바쿠시·오토시(otoshr)·바레친(balechin)·바르시(barshi)를 포함하고 있다.

17) 이런 제사 활동은 오늘날 하이라얼 거주 집단에서 머쿤 샤먼이 활동하고 있는 세 샤먼이 중에서 기간별로 나누어 거행한다. 첫째는 자푸 샤먼의 집안에서 정월 8일에 거행한다. 이것은 쿠레친 머쿤의 제사로, 참가하는 사람은 같은 머쿤의 모든 가가호호 및 그 머쿤과 함께 남둔의 남부 취락을 구성하고 있으며 현재 머쿤 샤먼이 없는 아락찬 머쿤의 가가호호와 또 그밖에 덴터커 머쿤 및 만나 머쿤 중에서 이 샤먼의 은혜를 입은 집들이다. 둘째는 팡구 샤먼의 집에서 음력 정월 13일에 거행한다. 이것은 만나 머쿤의 제사이다. 이 제사 활동에 참가하는 사람은 같은 머쿤의 모든 집들과 이를 제외하고도 그의 샤머력이 가장 길기 때문에 다른 머쿤의 집집마다 참가하는 사람이 아주 많다. 셋째는 빙고 샤먼의 집안에서 음력 정월 18일에 거행한다. 이것은 덴터크 머쿤의 제사 활동으로 같은 머쿤의 모든 집들이 참가하며 그밖에 각 머쿤의 사람들도 참가한다. 필자는 자부 샤먼의 제사에 참가하였으며 그 의식은 다음과 같은 부분들로 구성되어 있다.

1. 옹구르 소리베이(onggor soliber: 옹구르를 청한다는 의미)
2. 옹구르 보즈르베이(onggor bojirber: 옹구르의 강림)
3. 체르 바리선(cher barisen: 차를 올린다는 의미)
4. 아르살베이(arshalbei: arshan을 만든다는의미)
5. 옹구르 자키베이(onggor jakibei: 옹구르를 보낸다는 의미)

를 중심으로 한 옹구르를 대상으로 제사를 올리며 샤먼이 제사를 주재한다.

3. 연말제: 오니 마다니가 타힐가(oni madaniga tahilga: 연말제사라는 의미)라고 부르며 또 부툰 수니 어르기베이(buttun suniergibei: 그믐 윤회무의 의미)라고 부른다. 그믐날 밤에 각기 샤먼의 집에서 머쿤을 단위로 거행한다.

4. 오미난(ominan: 하이라얼 거주 집단)·운다네이(undanei: 치치하얼 거주 집단): 이것은 각 샤먼마다 적어도 3년에 한번씩 거행하며 여름에 야외에서 3일 동안 머쿤을 단위로 거행하는 큰 제사이다. 이 제사를 거행하는 목적은 아래와 같은 몇 가지가 있다. 옹구르의 보우를 기원하고 감사하는 제사, 샤먼이 자신의 역량을 강화하기 위한 제사. 때로는 새로운 샤먼의 취임 의식이나 새로 만든 샤먼 복장을 위하여 거행하거나 때로는 중병을 치유한 사람이 옹구르에게 감사하기 위하여 거행한다.

5. 이르둔(하이라얼 거주 집단), 이르둘(irdul: 치치하얼 거주 집단): 이 제사에 대해서는 아직 상세하게 알지 못하나 필자는 이것도 오미난 제사가 간략화 된 제사 형식이라고 생각한다.

6. 다부르한제(祭): 다 바르한니 타힐가(da barhanni tahilga) 혹은 다 부르한다 무르구베이(da burhanda murgubei: 다 부르한에 대하여 절을 한다는 의미)라고 부른다. 이것은 혈통도 아니고 샤먼 계보상의 조상신도 아니며 덴터크 머쿤 고유의 특수한 씨족 공동신이다. 같은 머쿤

의 사람들이 이 신령 때문에 불행하게 질병을 얻거나 혹은 어떤 한 신
령으로 인하여 질병을 앓을때, 다 부르한에게 보호를 기원하면서 거
행하는 제사이다. 이런 제사는 대제와 소제로 나누어진다. 소제는 머
쿤 샤먼이 하루 동안 거행하며 대제는 머쿤 샤먼이 다브르한니 바크
시(da burhanni bakshi, da burhan의 bakshi라는 뜻)와 공동으로 3일 동
안 거행한다. 이런 제사는 완전히 부정기적이다.

7. 오보(obo)제사: 오보 타키베이(obo takibei: 오보를 제사지낸다는 의
미)는 명사를 사용하여 오보이 타길(oboi takil: 오보제라는 의미)이라고
부른다. 지금 오보제는 대부분 지연을 집단으로 한 제사 활동이다. 그
러나 지연 집단이 동일한 혈연 집단으로 구성될 때, 이런 제사 활동은
반드시 씨족 공동제의 성격을 띠게 된다. 지금 이런 제사 중에는 혈통
상이나 혹은 무통 상의 조상신에게 제사를 올리는 경우가 아주 적다.
이런 제사는 야타칸 혹은 바크시가 주지하기 때문에, 지금 부터하 거
주 집단 중에서도 드물지 않게 볼 수 있다.

위에 서술한 것처럼 머쿤 샤먼은 많은 머쿤 공동제의 제사장이며
머쿤의 갖가지 종교적인 요구를 만족시켜주고 있다. 다른 한편으로
이들은 개인적인 주술의 집행자이기도 하며 일반적으로 개인의 요구
에 따라 병을 고치거나 그밖에 주술을 시행한다. 가령 이런 개인적인
주술 활동에서 샤먼은 대부분 자기 옹구르의 도움을 빌려서 활동을 한
다. 그러나 이들은 단지 자기 머쿤의 범위 내에서 활동하는 것은 아니
다. 일반인이 불행하게 질병을 앓았을 때는 우선 먼저 자기 머쿤 샤먼
에 의지하는 것이 아주 보편적이다. 그러나 자기 머쿤 샤먼이 부재시
에는 말할 것도 없고 가령 자기 머쿤 샤먼이 있을 때에도 반드시 그에

게만 의존하는 것은 아니다. 그러므로 샤먼의 활동은 당연히 다른 씨족 사람들에게 미치고 있다. 이런 일반주술의 종류와 그 방법은 본고에서 논하는 범위에 속하지 않는다.[18]

五. 샤먼의 사망과 출현

일반적으로 야타칸의 죽음이 다가오면 자기 장례를 주관할 야타칸 및 장지 등에 관한 일에 대해 유언을 한다. 전하는 말에 의하면 지명된 야타칸 또한 솔론(solon: '샤먼의 꿈'이란 의미)을 통하여 사전에 이 일을 예지 한다고 한다. 일반인의 장례에는 특수한 상황을 제외하고,[19] 샤먼은 샤먼의 신분으로 참가할 수 없다. 다만 샤먼의 장례에는 반드시 한 명의 샤먼이 참가하여 장례를 주관하여여야 한다. 장례에는 이 샤먼이 속한 머쿤의 전체 사람들과 이 샤먼의 은혜를 입은 모든 사람들이 장례에 참가한다. 현재 다우르족에서 일반인은 토장을 하며, 샤먼은 풍장을 하고 있다.

샤먼의 무덤은 대부분 산 정상으로 정해진다. 부터하에서 샤먼의 무덤은 개 짖는 소리가 들릴 수 있는 산마루에 정해야 하지만, 하이라얼에는 어떤 없어서는 안 될 조건은 없는 것 같다. 하이라얼 거주 집단에서 일반적인 묘지는 호와란(howaran)이라고 부른다. 머쿤의 묘지는 단지 한 지역으로 한정되며 원칙상 머쿤 공동 묘지의 형식을 취하고

---

18) 이들 제사 활동중에 머쿤 샤먼 및 부르한니 바쿠시 외에도 도와 줄 사람 남녀 각기 9명이 필요하다. 바치는 제물로는 암소·수소·암말이 필요하다. 이것은 규모가 크고 복잡한 제사 활동이다. 여기에서는 이들 내용에 대한 기술을 생략하나 단지 몇 마디 첨가한다면 이들 제사의 제문은 젤비르호 우수구(jelbirho wusugu: 祈願詞)로 다우르어를 사용하지 않고, 서론어로 씌어진다. 이는 아주 흥미있는 사실이다.

있다. 그러나 절대 샤먼의 무덤을 그곳에 쓰는 일은 없다. 이들은 샤먼의 무덤을 산돈(shandon)이라 부른다. 이 명칭은 후룬베얼 천바얼후족〔陳巴爾虎族〕과 서룬족이 서로 같다. 그러나 부터하에는 이런 단어가 없다. 그러므로 이것은 후룬베얼에 이주한 후에 채용된 명칭이라는 것을 알 수 있다. 부터하 거주 집단 중의 이런 명칭에 대해 자세히 알 수는 없으나, 치치하얼 거주 집단 중에서는 소코마로버(socomarobe)라 부른다고 한다. 이것은 지금까지 줄곧 확인해 보려고 생각하고 있는 문제이다.

하이라얼 거주 집단에서 샤먼은 관을 사용하지 무장(巫裝)을 사용하지 않는다.[20] 유언에 의하여 관을 지정된 산으로 옮긴 후에 산 정상에

---

19) 일반인의 장례에 샤먼이 샤먼의 신분으로 참가하면 반드시 무술을 행해야 한다. 이에 대하여 하이라얼 거주 집단 중에서는 두 가지 상황으로 국한되어 있다. 하나는 벼락에 맞아 죽은 사람이고, 다른 하나는 오니 어울(oni eol: 유행하는 역병)과 같이 아주 나쁜 질병을 앓고 죽은 사람이다. 이런 질병은 뱃속에서 검은 털이 자라나 발병한 것으로 아주 심한 병이다. 이런 병을 앓는 사람은 반드시 죽게 마련이다. 그 중에 죽는 기간에는 발병 후 제5일, 제7일, 제9일 등 세 종류가 있다. 이에 대하여 샤먼은 샤먼의 꿈(solon)으로 이해하며 이런 병에는 우수타타베이(usutatabei: 털을 뽑아낸다는 뜻)라는 巫術을 시행한다. 이런 무술은 빠르면 빠를수록 효과가 있다. 그러나 강한 힘이 있는 샤먼이 죽기 이틀 전에 무술을 행하여야 이런 병을 치료할 수 있다. 만일 잘못되어 죽는다면, 샤먼은 그 장래에 참가하여 우수타타베이의 무술을 행한다. 이렇게 하지 않으면 이런 병은 어느 때라도 이 집안에 머무른다고 한다. 池尻登의《達幹爾族》이라는 책에 기록된 마리다와치 지방의 습관에는 만일 열성 역병에 전염되어 죽는다면 특히 야타칸을 청하여 상서롭지 못함을 제거해야 한다. 그러나 일반적인 장래에는 샤먼을 청하지 않는 것이 일종의 습관으로 되어있다.(p.141) 또 만일 나쁜 역병이나 특히 천연두에 걸려 죽은 사람은 반드시 야타칸을 청하여 재앙을 물리치고 복을 비는 의식을 행해야 한다.(p.154) 그러나 이런 현상은 하이라얼 거주 집단 중에서 볼 수 없다. 池尻登은 또 말하기를 역신을 위로하고 안둔시키기 위하여 곡물을 올리고 제사를 올려 환자에게 재액을 제거할 수 있는 사람은 단지 어투스·바리투·바커치 등이다. 가령 야타칸이 기도를 하여 천연두 신의 분노를 사면 환자는 즉시 죽게된다.(p.152) 그는 또 말하기를 임산부가 분만 이전에 죽으면 샤먼을 청하여 상서롭지 못한 것을 제거한 후에 화장한다.(p.142) 여기에서 말하는 샤먼은 야타칸을 가리키며, 그밖에 다른 제사장를 말하는지는 아직 자세히 알 수 없다.

서 남쪽으로 수십 미터되는 지점에 나무 시렁을 가설하고 관을 그 위에 안치한다. 아울러 산돈의 뒷쪽 수십 미터 떨어진 지점, 즉 산 정상에 오보를 세우고 이를 산돈 니 오보(shandon ni obo)라고 부른다. 이것은 가지르니 어전(gazirni ejen: 지역신이라는 의미)을 제사지내기 위해 세운 오보이다. 산돈은 일반적으로 몇 년 안에 들불에 의해 타버린다고 하며, 또 어떤 사람은 샤먼 생전의 무술의 능력이 위대할수록 이 과정이 훨씬 짧아진다고 말한다. 몇년 후 단지 백골만이 남으면 제2차 장례를 거행하는데, 즉 유골을 모으고 그 위에 돌무더기를 쌓는다.[21] 그런 후에 약 3년에 한 차례씩 양을 잡아 산돈에 제사를 지낸다. 이 제사는 후임 샤먼을 중심으로 머쿤의 전체 인원이 참가하므로, 이 또한 씨족 공동 제사 활동의 일종이다.

여기에서 말하는 후임 샤먼은 머쿤의 샤먼이 여전히 건재했을 때 출현한 샤먼이며, 더욱이 그 샤먼의 나이가 많아서 머쿤 샤먼의 직책을 다 할 수 없을 때 당연히 새로운 샤먼의 출현을 요구하게 된다. 후임 샤먼은 때로는 전임 샤먼의 사후에 나오기도 한다. 다우르족 중에서 샤먼은 사후에 전생한다는 관념이 아주 강하며, 또한 제2차장을 거행한 후에 죽은 샤먼이 비로소 전생한다는 관념이 있다.

---

20) 부터하치(旗) 烏內務科長, 〈薩滿論〉《興調資第一手資料》 제1호) p.78: 또 샤먼이 죽을 때가 다가오면 유언을 내려 "친족은 곡하거나 울지 말며 法衣는 시체 아래에 두고 法器는 그 위에 놓으며 마을 밖에 개소리가 들리지 않는 곳에 관을 놓아두라"고 한다. 아마도 사망한 샤먼이 巫裝과 巫具를 가지고 가는 것이 다우르족의 옛 풍습일 것이다. 그러나 현재 다우르족의 무장은 이미 귀한 물건이 되어 쉽게 얻을 수가 없다. 그 원인은 그것이 머쿤의 공유물로서 대대로 샤먼이 서로 전하기 때문이다. 북아시아의 민족 중에서는 단지 부분적인 巫服만이 수장품으로서 샤먼의 시체와 함께 수장된다.

21) 池尻登, 《達斡爾族》, p.155: 부터한 거주 집단에서는 야타칸이 죽으면 일반적으로 3년안에 그의 시체를 관 안에 넣고 또 자리로 시체를 말아서 사람들이 잘 알지 못하는 산림 깊은 곳에 안치한 연후에 토장을 한다. 이것은 그들이 영혼의 부활과 재생을 믿기 때문이다.

새로 샤먼이 된 사람은 대다수 청년 시기에 무병(巫病)이라고 하는 정신착란 상태에 빠진다. 일반적인 상황에서 사람들이 정신착란에 빠지면 샤먼에 의하여 병을 치료해야 한다. 이 병을 치료하는 샤먼의 주술에 근거하여 정신착란의 원인은 병자가 속한 머쿤 오주르의 의지라고 여긴다. 만일 그가 이런 의지에 순종하여 머쿤 샤먼이 되어 정신착란이 없어지면 이런 병을 무병이라고 부른다. 만일 오주르의 의지에 순종하지 않고도 정신착란이 치유되거나, 혹은 샤먼의 주술에 의하여 정신착란이 사라지거나, 혹은 샤먼이 어떤 주술을 써도 치료할 수 없는 광인은 모두 무병이라 할 수가 있다. 소위 무병이라 하는 것은 오주르가 머쿤 중에서 한 사람을 선정하여 머쿤 샤먼이 되도록 하였으나, 자신이나 주위 사람들은 여전히 오주르의 의도를 깨닫지 못하고 있는 상태를 가리킨다.

무병을 앓고 있는 사람은 스승을 따라 샤먼이 지녀야 할 기능을 배워야 하며 샤먼이 갖추어야할 교양을 쌓아야 한다. 이들은 스승 샤먼을 바쿠시 야타칸(bakusi yatakan: 스승 샤먼) 혹은 바쿠시 샤먼(bakusi saman)이라고 한다. 스승 샤먼은 임의대로 선정되며 씨족의 같고 다름 또한 이 점에 장애가 되지 않는다. 샤먼 후보자는 타크시 야타칸의 지도 아래 일정한 수련을 쌓고 난 뒤에 관례에 따라 오미난 의식을 거쳐 정식 야타칸이 된다.[22] 무병환자가 샤먼이 된다는 것은 그와 오주르 사이에 화목하게 관계를 유지할 수 있다는 것을 의미한다. 이후 그는 오주르를 시봉해야 하며, 오주르는 그의 시봉에 따라 일을 행사한다. 한 명의 샤먼이 보유할수 있는 옹구르의 수는 관례에 따르면 샤먼 경력의 증가에 따라 증가된다. 한 샤먼의 무술(巫術)의 강약은 샤먼 자신의 능력에 따라 결정되기도 하나 다른 한편으로는 대부분 샤먼의 옹구르가 미칠 수 있는 영향의 강약에 귀결되기도 한다.[23]

22) 한 명의 샤먼이 나타나는 과정에 관하여 하이라얼 거주 집단의 덴터크 머쿤의 빙고 샤먼을 예로 서술하도록 한다. 빙고가 17세 때 할아버지와 함께 말을 타고 휘신 주르의 산돈을 참배하러 갔었다. 돌아오는 길에 이들은 은장식을 한 나무 사발을 잃어버렸다는 사실을 알게 되었다. 그래서 빙고 혼자 사발을 가지러 돌아갔다. 사발은 원래 그 자리에 있었다. 그러나 그는 조급하여 산돈을 향해 예를 올리지 않고 급히 말머리를 돌려 달렸다. 이때 이미 잘 길들여졌던 말이 갑자기 날뛰어 말 위에서 떨어져서 어깨와 허리가 탈골되어 미친 사람처럼 변했다. 조부가 오랫동안 기다려도 돌아오지 않자 더 이상 참지 못하고 돌아와 살펴보니, 손자가 미친 사람처럼 소리지르고 있으므로 소달구지에 태워 집으로 데려왔다. 탈골은 얼마되지 않아 치료되었으나, 미친 증세는 어떤 샤먼을 불러와도 치료할 수 없었다. 그는 마을 안에서 이집 저집을 돌아다니면서 늘상 작은 칼로 배를 찌르거나 혀를 베었다. 사람들은 날이 있는 물건을 모두 숨겨 버렸다. 때로는 정상이다가도 때로는 아주 빨리 악화되었다. 게다가 야타칸이 되겠다는 발원을 하지 않으면 어느때나 난동을 부려 마을 사람들이 편안할 수 없었다. 오래지 않아 보숙친 머쿤의 라마 샤먼을 바쿠시 야타칸으로 삼아 巫業을 익히기 시작하였다. 18세 되던 해에 라마 샤먼에게 오미난 의식을 받았으며 이로부터 정식으로 샤먼이 되었다.

23) 옹구르의 위력에 관한 이야기는 다우르족 중에 널리 퍼져 있었다. 아래에 그 중 두 가지 이야기를 소개하도록 한다.

[예 1] 이것은 70-80년 전의 일이다. 하이라얼의 만나 머쿤에 살고 있는 나손 시두 샤먼(nason shidu saman: 綠齒巫라는 의미)이란 샤먼이 있었다. 이때 부터하의 락천 아이리의 한 남자가 하이라얼에 와서 일을 하였다. 그 사람의 머리가 아주 길었기 때문에 사람들은 그에게 락천 운둘(lalchen undur: 락천은 긴 머리라는 의미)이라는 별명을 지어 주었다. 이들 두 사람은 아주 좋은 친구였다. 당시 하이라얼에는 철로가 없는 아주 조용한 작은 호톤(hoton: 거리·도시라는 의미)으로 머헐투를 가려면 어물 아일(emul ail: 남쪽 마을이란 뜻, 즉 현재의 南屯)을 지나야 했다. 하루는 락천 운둘이 서로 이어진 두 대의 빈 우마차를 몰고 이 길을 따라 남쪽으로 가고 있었다. 그는 앞수레에 타고 있었으며, 나손 시두 샤먼은 뒷수레에 타고 있었다. 단조로운 초원길을 지나면서 이들은 한담을 나누고 있었다. 나손 시두 샤먼이 농담으로 묻기를 네 우마차에는 몇 사람이 탈 수 있느냐고 하였다. 운둘이 20명은 문제가 없다고 대답하였다. 샤먼이 "그럼 시험해 보자"고 하였다. 말이 떨어지자마자 마차는 움직일 수가 없었다. 운둘이 머리를 돌려 바라보니 뒷수레바퀴가 땅속에 깊이 박혔으며, 소는 무릎을 굽히고 앞으로 끌려고 애를 쓰고 있었다. 샤먼 웃으면서 "20명은 태울 수가 있다고 하지 않았느냐?"고 하였다. 운둘이 머리를 끄덕이며 "내가 말한 20명은 세상 사람이지, 옹구르를 태운다고 한 것이 아니다"라고 하였다. 샤먼이 "그래?" 하고 말하면서 휘파람을 불어 옹구르에게 떠나라고 하자 수레바퀴가 위로 올라오면서 수레는 전과 같이 움직이기 시작하였다. 앞수레와 뒷수레에 탄 사람들은 서로 얼굴을 마주보며 웃었다.

[예 2] 이 이야기는 청말의 일이다. 부터하의 우르코 아일(urko ail) 지방에 유명한 힘센 장사(大力士)가 살고 있었다. 사람들은 그를 더 부쿠(de buku: de는 남자 이름의 첫 흡이고, buku는 力士라는 뜻)라고 불렀다. 그는 야타칸의 힘을 믿지 않았으며 요괴와 귀신을 무서워하지 않았다. 당시 올훠 아이러 부근에 스트쿠르(shtkur: 악귀라는 뜻)가

샤먼은 무통(巫統)상의 상하 맥락이 있으며, 이 밖에 무단(巫團)이라 부를 수 있는 현실적인 조직이 없으며 각 샤먼은 각자 독립되어 있다. 바쿠시 야타칸과 제자 야타칸 사이에서도 어떤 제도화되었거나 조직화된 관계는 찾아볼 수 없다.

샤먼의 일종으로 부투르(butur)라 불리는 것도 있다. 부투르라는 단어는 원래 아직 나타나지 않았던 물건, 깊이 감추어진 것, 아직 껍질을 벗지 않은 유충처럼 세상에 나타나지 않은 상태의 물건을 표시하는 말이다. 그러므로 부투르는 장래에 샤먼이 될 수 있으나 현재에는 정식으로 샤먼이 되지 않은 사람 또는 성무 의식(成巫儀式)을 거치지 않은 사람으로서, 사회에서는 그를 샤먼으로 승인하지 않고 있으나 이미 샤먼의 능력을 전부 갖춘 사람을 가리킨다. 이런 사람은 오래지 않아 내림굿을 거쳐 정식 샤먼이 될 수도 있으나, 어떤 사람은 평생동안 부투르로 지내기도 한다. 실제로는 샤먼의 능력을 구비하였으므로 간단한 질병을 치료할 수도 있다. 어떤 사람은 진정한 샤먼도 갖추지 못한 능력을 발휘하기도 한다. 이런 무술을 행하는 것은 부투르의 동

살고 있는 동굴이 있었다. 어느 날 더 부쿠는 술에 취하여 이 동굴에 대해 희롱을 하였다. 집에 돌아오니 갑자기 다리가 아프기 시작하였다. 그는 격노하여 다리를 절뚝거리며 그 동굴로 갔다. 그리고 아픈 다리를 그 동굴에 집어넣고 위협하였다. "스크쿠르! 빨리 나와라. 우리 승부를 겨루자! 만일 나오지 않으면 이 동굴을 막아 버리겠다!" 그러자 이때 그의 다리의 통증이 사라졌다고 한다. 이 전설 속의 주인공의 숙부는 야타칸으로 그와 한 집에 살고 있었다. 어느 날 저녁에 더 부쿠가 밖에서 집으로 돌아오는데, 집에 거의 다 왔을 즈음 갑자기 큰 돼지 한 마리가 습격했다. 평소 자신의 괴력을 믿고 있던 그는 마음속으로 "돼지 한 마리가 별거냐, 아주 좋은 사냥감이다"라고 생각하며 손으로 잡으려고 하였다. 뜻밖에도 이 돼지는 아무리 해도 상대할 수가 없었다. 끝내 재빠르게 채마밭으로 들어가 주위의 울타리를 뽑아 자기 주위에 담을 쌓아 이 재난을 면하려고 생각하였다. 돼지는 황혼녘이 되자 사라져 버렸다. 그제서야 힘이 다 빠져 집으로 돌아왔다. 이때 그의 숙부가 웃으면서 "어떻게 돌아왔니?" 하고 물었다. 이후에 그는 이 돼지가 숙부의 옹구르임을 알게 되었다. 뒤에 그는 야타칸의 法術을 깊이 믿게 되었다.

사인 부투르브티(buturbti)로 표시되며 이는 부투르를 한다는 의미이다. 부투르는 무장(巫裝)이 없으며 옹구르가 몸에 붙어 신령이 몸 속으로 들어오는 상태에서 정식으로 샤먼의 업무를 행할 수 없으므로 그가 시행하는 무술은 비교적 간단한 것이다.

이상 야타칸 샤먼 혹은 샤먼 등의 단어를 사용하여 표시한 것은 거의 씨족샤먼, 즉 오주르의 의지를 통하여 샤먼이 된 머쿤 샤먼의 범위를 가리킨다. 이는 확실히 다우르족 샤먼의 가장 중요한 부분이다. 그러나 하이라얼 거주 집단이든 아니면 부터하 거주 집단이든 샤먼이 전부 이들 종류에 포함된다고는 할 수 없다. 그밖에도 우너거(unege: 여우라는 의미)가 빙의하거나 다른 신령의 의지로 출현한 샤먼도 있다. 이들 종류의 샤먼도 샤먼이라고 하는 것은 틀림이 없으나 다만 사람들은 이들을 진정한 샤먼이라 여기지 않고 있으며 일반적으로 능력이 약하기 때문에 사람들에게 경시를 받는다. 이들 샤먼은 머쿤의 무통을 계승할 수 없으므로 이들을 머쿤 샤먼이라 말할 수 없다. 그러나 실제 발휘할 수 있는 직능에 따라 이들이 씨족 공동 제사를 지낼 수 있는 제사장의 기능을 갖추고 있는지의 여부는 아직 실례를 찾지 못하였으므로 함부로 단언할 수 없다. 앞으로 다시 조사해 보아야 할 문제이다.

六. 샤먼 이외의 제사장

다우르족 중에서 야타칸 외에도 그밖의 다른 제사장·주술사·주의(咒醫) 등이 있다. 아래에는 이들 각자의 상황을 서술해 보도록 한다.

1. 바쿠시: 어원에 대해선 몇 가지 설이 있다.[24] 몽골어에서는 이 단어는 스승이나 선생을 의미하며 현재는 일반 남성에 대한 존칭으로 바뀌어 아주 널리 사용되고 있다. 본문 범위 안의 이 말에는 두 가지 의미가 있다. 첫째는 샤먼의 조수, 즉 조무(助巫)를 가리키며 무술을 시행할 때 도와 주는 사람을 말한다. 둘째는 독립적인 제사장으로 일을 하는 사람을 말한다. 필자는 이에 대하여 많은 사례를 접해 보지 못했으므로 상세히 기술할 순 없다. 그러나 바쿠시 중에서 어떤 바쿠시는 위의 두 가지 기능을 모두 발휘할 수도 있고 어떤 사람은 단지 한 가지 기능만 발휘할 수 있다고 여긴다. 어느 유형의 바쿠시이든 모두 야타칸처럼 복잡하고 특이한 법복을 갖추고 있지 않으며 시술할 때에 신령이 몸에 내리는 상태로 진입할 수는 없다. 그러므로 이들은 샤먼이 아니며 야타칸과는 본질적인 차이가 있다. 하이라얼 거주 집단에 덴터커 머쿤 중에 더우 샤먼(duo saman)이라는 사람은 다부르한 니 바쿠시로 그는 단지 다부르한 제의를 주지하는 바쿠시이다. 그는 완전히 조무(助巫)의 성격을 구비하지 않았을 뿐만 아니라 독립적인 제사장인 바쿠시 중에서도 특수한 위치를 차지하고 있다. 그의 이런 직책은 그의 조부로부터 삼대를 이어져 내려왔다. 그가 제사를 지낼 때 그 복장은 일반인과 아무런 차이가 없다. 단지 그의 손에는 델부루 (delburu)라 불리는 법구(法具)를 들고 있을 따름이다. 하이라얼 거주 집단 중에는 그밖의 바쿠시가 없다. 부터하치〔布特哈旗〕의 샤먼에 대해서는 이미 약간의 보도 자료가 있다. 바옌치〔巴彦旗〕에서는 "샤먼의 조수로 신에게 제사지낼 때 향을 피우거나 혹은 샤먼의 곡조와 함께

---

24) 白鳥庫吉 박사의 말에 의하면 이것은 한자어의 '博士'에서 온 것이라고 했고, 尤儒나 庫瓦特美爾 등은 梵語의 bhikshu(비구)에서 온 말이라고 했다.

신가(神歌)를 부르는 사람을 바구치(baguchi)라고 한다. 이들은 단지 저주를 하면서 붉은 기 혹은 채색기를 들고 단독으로 치병의 기도를 드린다."[25] 그 다음에 비록 지역은 상세하지 않으나 이와 관련된 보고에 의하면 부터하 거주 집단 중의 바쿠시는 다음과 같은 기능을 발휘하고 있다. 기우제를 지낼 때 비가 내리도록 기도를 하고 닭을 삶아 제물로 바친다. 역병을 물리치는 제사를 지낼 때에도 똑같은 작용을 한다. 오보제(祭)를 지낼 때 풍우가 순조롭기를 기원하며 풍년과 재앙이 없게 해달라는 기도문을 낭송한다. '가천(家天)' 제사, 즉 가제(家祭)에서는 제사장의 역할을 맡는다.[26] 내가 아는 바로 바쿠시는 모두 남성이다.

2. 오토시(otoshi): 낭낭신(娘娘神)의 제사장이다. 다우르족에서 낭낭신은 주로 천연두와 부종, 부스럼을 관장하는 신령이다. 바쿠시와 마찬가지로 법복이 없으며 신령이 몸에 들어오는 상태에 들어설 수 없다. 바옌치에서 "어트시(wettsi)는 전문적으로 천연두를 치료하며 그에게는 신의(神衣: 군대 군복에 착용하는 견장과 비슷한 물건으로 좌측 견장은 황색이고 우측 견장은 감색이다)가 있으며, 이들은 손에 가로 세로 1척 5촌의 붉은 기를 잡고 기도를 드리며 때로 이들은 예언자나 산파의 역할을 하기도 한다."[27] 하이라얼 거주 집단 중에서 오토시는 손에 단지 주더부르라는 염주를 잡고 있다. 이 거주 집단의 남둔에는

25) 바옌치 公署, 〈興安東省바옌치概況〉 康德 6년 4월.
26) 〈達斡爾民族志稿〉, p.185-186. 이 책의 서문과 본문에는 저자의 署名이 없다. 다만 고증에 의하면 이것은 또 다른 한 편의 문장 〈薩瑪論〉의 저자 烏爾恭博的 氏(강덕6년 1월에 사망)의 遺稿이다. 山本守 氏의 〈三部有關達斡爾族的文獻〉(國立中央圖書館 籌備處 〈資料公報〉 제3권 제4호)에 자세히 나와 있다.
27) 바옌치 公署, 〈興安東省바옌치概況〉.

오토시의 기능을 가진 두 사람의 남자가 있으나 이들은 모두 겸직을 하고 있다. 그중 한 사람은 앞에 기술한 자부 샤먼이고 다른 한 사람은 아락첸 머쿤의 토구주(togeojo)로 그는 아래에 소개하는 브리에친(bdriyechin)에서 본업을 하면서 바쿠시이고 또 오토시이기도 하다. 자부 샤먼이 샤먼이면서 오토시를 겸하고 있는 이유는 다음과 같다. 그의 조상 중 한 사람이 일찍이 오토시였으나 그가 천연두를 치료하는 중에 죽었다. 자부 샤먼대에 이르러 이들 부락 중에 천연두가 유행하였으며 이때 그의 선조 오토시의 영혼이 오토시의 본령을 이들 머쿤 내의 어느 한 아이에게 전해 주겠다고 명령하면서 이 아이가 낭낭의 상을 그려 제사를 지내라고 요구하였다. 이로 인하여 자부 샤먼은 신명을 따라서 낭낭신에게 제사를 지내고 윗조상의 오토시를 예예 부르한(yeye burhan: 조상신의 뜻)과 함께 제사를 올렸다. 그 자신이 오토시가 되어 시술을 하였으며, 이때 아이들의 천연두가 전부 치료되었다. 이렇게 하여 그는 이미 야타칸으로 오주르를 제사하고 또 오토시로서 낭낭신 및 예예 부르한을 제사지낸다. 필자는 그가 속한 쿠리에친 머쿤의 공동 제사 중 하나인 신년제에 참가했었다. 거기에서 제사 지내는 신은 당연히 오주르가 중심이 되며 낭낭신 및 예예 부르한 또한 동시에 제사지내고 있었다. 그러나 그는 자신이 두 가지 직책을 겸하고 있기 때문에 여러 면에서 구속을 받게 된다고 하였다. 예를 들어 그는 천연두를 치료한 후 백일 내에는 낭낭신 및 예예 부르한 이외의 신을 제사지낼 수 없었다. 그러므로 이 기간엔 절대로 무장(巫裝)을 입을 수가 없다. 이에 대해 우리는 다시 하나의 사실을 서술하고자 한다. 첫째 야타칸과 오토시는 때때로 공동으로 병을 치료하기도 한다. 남둔에서 필자가 참관했던 아락찬 머쿤의 젊은 여자가 부종이 생긴 후에 거행한 텔굴 다스베이(telgul dasbei: 도로를 수정한다는 뜻, 還願

解願의 儀式)에서 팡구 샤먼과 토구주 오토시(toguju otoshi)는 거의 동등한 지위로 참가하며 아울러 갖가지 의식을 거행하였다. 오토시가 되는 사람 중에는 남녀 모두 있다.

3. 바르칭〔巴日靑: 사람을 잡는다는 의미〕: 법복이 없으며 신령이 몸에 내리는 상태에 들어설 수도 없다. 하이라얼 거주 집단 중에는 얼마간의 신앙 색채를 띠고 추나(推拿) 치료자 혹은 접골을 하는 사람들이 있는데, 이들은 대다수가 남성이다. 바옌치에는 "바르칭(barigchin)은 한어 중에 속칭 '노년파(老年婆)'로 늙은 할멈은 단지 애를 낳는 일을 맡으므로 산파의 신분으로만 존재한다"[28]고 한다.

4. 바르시(barshi): 바옌치에서 "바르시(barshi)는 신복이 없으며 단지 환부에 기(氣)를 불어 치료하는 술법을 사용한다. 접골과 창상의 치료에 효과가 있으며 때로는 수술을 하기도 하는데 이들은 모두 남성이며 여성 바르시는 없다"[29]고 했다. 치치하얼 거주 집단의 바르시 또한 이와 같다. 사실 이 두 군데의 바르시는 하이라얼 거주 집단의 바르칭과 서로 같다. 하이라얼 거주 집단 중에서는 바르칭 외에 바르시라는 직책이 없다. 이에 대하여 어떤 샤먼이 설명하기를 일반인은 바르칭이라고 부르는데 샤먼의 용어 중에는 바르시(barsi)라고 부른다고 했다. 우리는 이 문제에 대해서 더욱더 조사해 볼 필요가 있다. 부터하 거주 집단 중에는 오메 브루한(ome burhan)이라 불리는 제사장 바르시가 있다. 오메(ome) 신앙은 에벤키족에서부터 허저족에 이르기까지 공

---

28) 바옌치 公署, 〈興安東省바옌치槪況〉.
29) 바옌치 公署, 〈興安東省바옌치槪況〉.

통이며 다우르족 중에도 아주 보편적이다. 사람들은 이 신이 아이들의 수호신이라고 믿는다. 하이라얼 거주 집단 중에서 이 신의 제사자인 야타칸이나 부터하 중에서는 광협의 범위가 여전히 불명확하다. 항상 바르시가 오메신의 제의를 관장한다. 자녀를 양육하기가 어려운 가정에서는 바르시를 청하여 오메엘베이(omeylbei: 오머신의 아들을 제사지낸다는 의미) 의식을 지내며 아이가 5세에서 11세의 오마이 야르 가르베이(omai yar garbei) 기간에 오머신, 즉 바르시의 아이가 될 자격을 갖추게 된다. 이들은 아이들로 하여금 오머신의 아들로 삼을 때, 때로는 바르시에게 새로운 이름을 지어달라고 청하기도 한다.

5. 키안치(kiyanchi: 부터하 거주 집단)와 어우커(euke: 본래 모친의 형제를 의미하고 있으나 현재는 남성 연장자의 존칭으로 널리 사용하고 있다. 여기에서는 키안치신의 경칭으로 쓰인다. 치치하얼 거주 집단): 이 둘은 동일한 신이다. 하이라얼 거주 집단 중에는 이런 제사장이 없다. 이런 제사장에게는 법복이 없으며 신령이 몸에 들어오는 상태로 진입할 수도 없다. 전하는 말에 의하면 이런 신령은 몇 천년동안 살아온 닭이 변해온 것이라고 한다. 사람들이 질병에 관해 묻거나 잃어버린 물건, 한해와 달의 길흉 등에 대해 물을 때는 이 신에게 기원한다. 그 의식은 캄캄한 밤에 집안의 모든 불빛을 다 끈 후에 거행한다. 사람들은 방문 안쪽 옆에다 그물을 설치하고 열 몇 명의 남자들이 있는 힘껏 이 그물을 잡아당긴다. 그들 옆에 서있던 키안치가 이 신을 청하는 말을 낭송한다. 이러면 지붕 위에서 거대한 소리가 들리면서 신령이 문을 밀고 들어온다. 아울러 무슨 큰일도 아닌데 왜 나를 불러왔느냐고 소리친다. 그리고 키안치의 주인을 이쪽 모서리에서 저쪽 모서리로 몇 번 팽개친다. 키안치의 주인은 신을 모셔온 이유를 아뢰면서 가르

침을 청한다. 그러면 신령이 대답을 해 준다. 이 시간, 안에 앉아 있던 사람들은 절대 눈도 깜박여서는 안 된다. 전하는 말에 의하면 어떤 사람이 눈을 깜빡였는데 키안치신이 그에게 모래를 던졌다고 한다. 전설에는 한 남자가 호기심이 발동하여 키안치신을 잡아 보려려고 그의 손을 잡았다고 한다. 그는 털이 숭숭한 손을 잡았다. 이때 키안치신이 큰소리로 고함치기를 "네가 나를 속였으니, 네 심장이 펑펑 뛰놀 것이다. 그러나 너는 필경 나를 잡을 만한 힘이 없다"고 하였다.

七. 무장(巫裝)과 무구(巫具)

　내가 본 다우르족 무장과 무구는 하이라얼에 4건이 있고, 치치하얼에는 단지 1건만 있으며 부터하의 무장과 무구는 사진을 통하여 알 수 있었다. 이들은 원칙적으로 거의 똑같았으며 단지 부분적으로 차이가 있었다. 다음에 팡구 샤먼의 실물을 예로 들어 설명하면서, 그밖의 것은 서로 다른 점을 보충하도록 한다. 여기에서 특별히 설명하지 않는 것은 모두 하이라얼 거주 집단과 서로 같다.

　무장은 무관(巫冠: 샤먼의 모자), 무면구(巫面具: 샤먼의 탈), 샤먼의 목 부위 이하에 차는 모든 물건의 총칭이다. 무구라는 것은 이들 무장(巫裝)을 제외한 샤먼의 용구를 지칭한다. 샤먼이 목 부분 아래에 차는 물건은 총칭하여 자와(jawa)라고 하며 이 점은 치치하얼 거주 집단과 서로 같다. 그러나 부터하 거주 집단 중에서는 대부분 샤마시커(samashike)라 부른다. 이들 호칭은 원래 무관(巫冠)을 포함하고 있었으나 여기에서는 무관의 자와를 포함하지 않는다.

1. 무장(巫裝)

1) 무관(巫冠)

무관은 세 거주 집단에서 마가라(magala)라고 통칭한다. 마가라는 관, 모자를 뜻하는 단어임에 틀림이 없다. 모자 위에는 황동으로 만든 한 쌍의 녹각형(鹿角形) 물건이 있으며, 이를 자라터 마가라(galate magala: 鹿角의 冠이라는 의미)라고 부르며 그것을 또 마이하치(maihachi)라고 부른다. 처음으로 샤먼이 된 사람은 삼차(三叉) 녹각형 관을 써야 한다. 이미 세 차례 오미난 의식을 통과한 샤먼은 육차(六叉) 녹각형 관을 쓸 수 있다. 두 개의 사슴뿔 중간에는 특별히 동으로 만든 것으로 날개를 벌리고 나는 새의 형태가 있으며, 이것을 단독으로 더기(degi: 새)라고 부르며, 소워(showo: 매)라고도 한다.[30] 무장의 여러 부분들은 어전(ezen: 主神의 아버지)이 결정하며 무관의 어전은 이 더기에 붙어 있다고 말하고 있으나 그 주신(主神)의 명칭은 아직도 명확하지 않다. 이 샤먼 모자의 전체는 검은 우단(羽緞 또는 빌로도: 거죽에 고운 털이 돋게 짠 비단)으로 덮여 있으며, 그 중앙에는 문장(紋章)과 같은 은제 보베이(bobei: 보물 조개껍질)가 붙어 있고 그 좌우 양쪽에는 무두르(mudur: 龍)의 장식 띠가 달려 있다. 무관의 앞에는 아래로 드리워진 작은 천 조각으로 샤먼의 얼굴을 가리도록 되어 있다. 빙고 샤먼의 무

---

30) Miss E. F. Linagren, Harston: The Shaman of the Dagurs, Solons and Numinchens in N. W. Manchuria. 이 책에서는 포배가 말한 바 巫冠의 새는 郭公이라는 내용을 기록하고 있다. 그러나 샤먼의 일을 잘 아는 하이라얼 다우르인이 필자에게 한 말에 의하면, 다우르족의 巫冠 위의 새는 곽공이 아니라 한 마리의 작은 사나운 새일 뿐이며 그것은 악의를 지닌 샤먼이 이 샤먼에게 접근하는 것을 경계하는 것이라고 했다.

관은 대략 50여 개의 검은 선이 아래로 드리워져 있다. 팡구 샤먼의 무관에는 열 몇 개의 홍산호를 꿰맨 작은 선이 아래로 드리워져 있다. 이것의 이름은 수이수(suisu)라 불리는 것 같다. 녹각형의 뒷면에는 하더거(hadege)라 불리는 오색 천이 달려 있으며 이것은 허리 부분까지 늘어져 있다. 치치하얼 거주 집단에서 이런 물건은 아홉 조각이 정통이라고 한다. 무관의 형체는 하나의 원형과 교차되어 녹각형과 조형(鳥形)을 지탱하는 두 개의 반원형 철테로 보호되어 있다. 이들 철테는 안에서 꿰어 고정하고 있다. 이들은 이 무관을 쓸 때 가죽띠로 턱에 맨다. 내가 치치하얼 거주 집단 중에서 본 무관의 상면에는 텔부카(telbuka)라 불리는 스님의 모자처럼 생긴 아주 큰 물건을 본 적이 있다.

2) 샤먼의 탈

샤먼이 사용하는 탈은 아보할더(abohalde)라 불리는 동으로 만든 탈이다. 하이라얼 4명의 샤먼 중에서 무관의 앞면에 천을 드리우지 않은 두 명의 샤먼은 탈을 쓰고, 천을 드리운 두 사람은 탈이 없다. 어떤 사람은 아보할더는 다우르족 고유의 무속이 아니라고도 말한다. 지금까지 부터하나 치치하얼에 샤먼의 탈이 있다는 말은 들어보지 못하였다. 후른베얼과 다우르족이 서로 이웃하고 있는 천바얼후족 중에는 아보할더가 보편적으로 존재하고 있다. 이것으로 이 샤먼의 탈은 이들에게서 배워 온 것이라고 추리할 수 있다. 팡구 샤먼의 샤먼 탈은 그녀 집 주실의 서쪽 방 신단 위에 걸려 있으며 얼굴은 남쪽을 향하고 짙은 수염 중간에 반쯤 벌린 입 안에는 한 조각의 와치(wachi: 양꼬리 지방)가 물려 있다. 이것은 150년 전의 위대한 샤먼인 가오차 샤먼에게서 전해져 내려온 것이라고 한다. 어떤 사람은 이 습속이 곰 신앙과 관계가 있으며 어손스(악령이란 의미) 혹은 수트쿠르를 제거할 때 이를 사용한다고 말한다. 라마 샤먼은 이미 샤먼 업무에 종사하지 않기 때문에 탈을 가죽으로 만든 주머니 속에 넣어 놓고 있다. 그의 탈은 대략 40년 전에 제작된 것이라고 말하며 화신(火神) 신앙과 관계가 있다고 말한다. 그 사용은 전자와 대체로 비슷하다.

3) 자와(jawa)

자와의 구성은 아주 복잡하며 몇 부분으로 구성되어 있다.

1. 무의(巫衣): 적당한 명칭이 생각나지 않으므로 잠시 무의라고 부른다. 지금도 아직 그의 원어 명칭을 알지 못한다. 아마도 그것은 자와를 이루는 기본적인 부분이기 때문에, 그래서 특별한 명칭이 없는 모양이다. 샤먼은 이런 무의를 평상복 위에 걸친다. 그러므로 그의 어깨에서 발톱 · 손 · 목덜미에 이르기까지 모두 끈으로 묶어 놓았다. 가죽은 부드럽게 풀무질하여 만들어졌다. 이런 연한 가죽을 나일수(nailsu)라 부른다. 무의에는 여러 종류의 부속물이 있다. 무의는 앞뒤 양면에다 상단은 흉의에서 중단은 거울에서, 하단은 상면에서부터 자수를 놓은 검은 우단이 덮고 있다고 말할 수 있다.

2. 흉의(胸衣): 자하르탄(jahartan)이라 부른다. 그 앞면은 야구스(yogos: 조개껍질)를 사용하여 뒤덮었고, 아래쪽에는 호앙가얼트(hoanggart: 구슬 형상의 방울)를 드리우고 있다. 조개껍질의 부분은 뒷목덜미 부분을 두르고 거기에서부터 검은 우단을 내려뜨리고 있다. 그 위에는 금색과 은색 실로 태양과 반월형을 수놓은 운중쌍룡(雲中雙龍)으로 장식하고 있다. 그 아래쪽에는 호앙가얼트를 내려뜨리고 있다. 조개껍질의 수는 3백60개가 정통이라고 말한다. 두 어깨 위에는

채색천으로 만든 새의 형상(degi)이 붙어 있으며, 그 좌우 양쪽에서부터 각기 6개의 검은 우단에다 수를 놓은 천 조각을 내려뜨리고 있다. 팔목 윗부분에 내려온 천을 할분코(halbunko)라 부른다. 또 새의 형상에서부터 내려온 대형 조개껍질과 짐승 이빨이 가슴 부분의 좌우 양쪽을 뒤덮고 있다. 이 자하르탄의 주신은 보르초호르 부르한(borchohor burhan: bor은 쥐색이고, chhor은 얼룩무늬라는 뜻으로 아마도 이것은 쥐색얼룩무늬를 한 새라는 뜻일 것이다)으로 신령이 항상 새의 형상 속에 붙어있다고 말한다. 치치하얼이나 부터하나 모두 흉의를 무룰치(murulchr), 조개껍질을 이보즈(iboz)라 부른다. 내가 치치하얼 거주 집단 중에서 본 조형은 목제로 되어 있었으며 그것은 양쪽 어깨 위에 육각형으로 된 목판 위에다 고정시키고 있었으며, 그것은 자유롭게 회전하여 움직일 수 있었다. 이들은 그것을 단독으로 츠르치몰(chrchimol: 작은 새)이라 부르며, 이밖에 목제판에서 아래로 드리우고 있는 할분코의 형식 또한 약간의 차이가 있었다.

3. 동경(銅鏡): 토리(toli)는 동경의 총칭이다. 무의(巫衣) 앞면에는 층층이 모두 60개의 토리가 달려 있다. 샤먼의 뒷면에는 5개의 큰 토리가 있으며 가장 사람의 주목을 끄는 것은 중앙의 것으로 가장 큰 토리의 직경은 대체로 가슴 폭과 서로 같으며 이 거울을 아르한 토리(arhan toli: 後身鏡이란 의미)라 부르고 그 사면의 거울을 달라카 토리(dalraka toli: 鎭壓鏡이란 의미)라 부른다. 치치하얼 거주 집단에서는 아르한 토리란 명칭을 사용하여 이 다섯 개의 거울을 총괄한다. 토리의 숫적인 우월성은 다우르 무장(巫裝)의 공통된 특색 중 하나로 샤먼의 앞면에 달린 토리의 수량은 반드시 고정된 것이 아니다. 치치하얼 거주 집단을 예로 들면 그들은 32면이 정통이라고 말하고 있으나 한

예에서는 35개를 달고 있다. 샤먼 자신의 말에 의하면 어떤 토리는 법력을 갖추고 있으며 어떤 토리는 법력을 갖추지 못하였다고도 한다. 토리는 일반적으로 그 형상·광택·음양을 통하여 악령을 쫓아내는 힘을 갖추고 있으며, 또한 몸을 보호하는 역량을 갖추고 있다. 그들에게는 샤먼의 거울에 관한 신기한 이야기들이 전해지고 있다. 어떤 사람은 팡구 샤먼의 무경(巫鏡)인 어전(ejen)은 이미 세상을 떠난 자기 머쿤의 위대한 무조(巫祖) 가오챠 샤먼의 것이라고 말한다.

4. 샤먼의 아래치마 및 다리 부분 좌우 등 세 곳에는 채색실로 검은 우단에 수를 놓고 있다. 이들 아래쪽에는 모두 60개의 황동으로 만든 호앙가얼트가 달려 있다. 특수한 예 중의 하나는 치치하얼 거주 집단의 샤먼에는 호앙가얼트가 없고 조개껍질이 달려 있다. 샤먼의 하부의 뒷면과 엉덩이 부분에는 전부 네모형으로 수놓은 검은 우단으로 덮여 있고 여기에서 발뒤꿈치 쪽으로 각기 12조각으로 된 검은 우단 조각이 늘어뜨려 있으며 위에는 섬세하게 수가 놓여져 있다. 가장 밑 부분에는 12기(支)의 짐승이 수놓아져 있다. 치치하얼 거주 집단의 하르분고(harbungo)의 샤먼의 뒷면에는 단지 12조각의 붉은 천이 드리워져 있을 따름이다.

5. 손목 부분은 삼단으로 된 띠 형식의 검은 우단으로 장식하고 있으며 그 위에 꽃과 새 등을 수놓고 있는데, 이를 오이(woi)라 부른다.

6. 현재 그밖에 중요한 샤먼의 부속물로는 아스란(asran)이라 불리는 것으로 허리 부분 양쪽에 늘어뜨린 물건이다. 허리쪽에는 황동 고리가 하나 있으며 거기에서부터 9조각의 긴 가죽조각이 걸려 있다. 그리고

이 황동 고리에 걸려 있는 것으로 마치 러시아산의 황동제 홍코(hong-ko: 방울이라는 의미) 하나와 소요(soyo: 돼지 이빨), 동제 보지트(bozirt: 가늘고 긴 원추형 방울) 몇 개가 달려 있다. 방고 샤먼의 무의에는 서로 같은 위치에 대형 남경 은화가 달려 있다. 샤먼은 신령이 몸에 들어올 때는 끊임없이 아스란을 흔들면서 입으로 신의 계시를 읊조린다. 샤먼이 볼보르(bolbor: 명계로 가는 주술)를 거행할 때 그것은 샤먼의 몸을 보호한다고 한다. 치치하얼 무의의 아스란은 팔목에서 팔꿈치까지 온다.

2. 무구(巫具)

무구에는 일상적인 것과 임시적인 것이 있다. 임시적인 무구는 제사나 주술에서 필요할 때 만드는 것이다. 이들은 사용이 끝나거나 활동이 다 끝난 후에는 처리해 버리는 것들이다. 이것들은 제사나 주술의 내용을 언급할 때 함께 서술하도록 하며, 여기에서는 전문적으로 일상적인 무장과 샤먼의 집에 수장된 무장의 종류로 나누어 서술하도록 한다.

무구 중에 가장 중요한 것은 운투르(untur: 太鼓 즉 큰 북)로 치치하얼 거주 집단 중에서는 훈투로(hunturo)라 부른다. 모두 자루가 없는 원형의 단면으로 된 북들이다. 이들의 테는 낙엽송 뿌리가 동남 방향으로 뻗어나간 부분을 사용하여 제작했다고 한다. 북의 면은 일반적으로 양의 가죽으로 만들어지며 어떤 것은 이리 가죽으로 만든 것도 있는데, 아주 강한 옹고르를 가지고 있는 샤먼만이 비로소 이런 북을 갖출 수 있다고 한다. 북의 구조로는 북 안쪽의 중앙 부위에 약손가락과 새끼손가락이 들어갈 수 있는 두 개의 황동 고리가 있으며, 이를 중심으로 4쌍 여덟 조각의 가는 가죽이 밖을 향하여 테의 안쪽으로 쫙 펴

져있다. 북채는 가소르(gyasor)라 한다. 가소르는 이리의 다리 가죽을 이용하여 등나무나 대나무를 싸매어 만든 것이다. 무고의 북소리는 제사를 지내거나 주술 분위기를 만드는데 빠질 수 없는 물건이다. 북의 소리를 통하여 옹구르는 비로소 그를 불렀다는 것을 알 수 있고 샤먼 자신도 점점 흥분하여 도취되며 사람들의 분위기도 통일된다. 더욱이 이런 격렬한 소리를 통하여 악령을 쫓아낼 수 있으며 진동하는 무고의 바람으로 악령을 제거할 수 있다. 그들 중 어떤 샤먼은 무고를 타고서 공중을 날아다닐 수 있다는 관념을 지니고 있다.

악기의 일종으로 찬(chan)이 있다. 이것은 황동으로 만든 작은 동발이다. 하이라얼에서는 주술을 행하면서 이런 악기를 사용했다는 샤먼을 들어보지 못하였으나[31] 치치하얼에서는 샤먼의 조수가 이 악기를 사용한다.

내가 본 어르커(erke: 염주란 의미) 또한 무구의 일종이다. 다만 하이라얼 거주 집단의 자푸 샤먼만이 이 물건을 사용하는 것을 보았을 뿐이므로 보급 정도가 어떤지는 자세히 알 수 없다. 그 구조는 흑색의 여러 구슬을 네 개의 큰 구슬을 사용하여 4등급으로 나누고 있다. 그 중 한 곳은 황동경 하나와 오색천, 청동 무촉(巫鏃: us)이 달려 있고, 그밖에 두 개의 큰 구슬 위에는 황동이나 혹은 청동으로 된 무촉이 달

---

31) 銅鈸은 라마교 음악의 악기이지만 다우르족에서도 이를 사용하고 있다. 팡고 샤먼의 巫衣에 몇 개가 달려 있어서 그 이유를 물어보자 "우리 샤머니즘 안에는 사르 사진(shar shajin: 黃敎, 즉 라마교)의 요소가 들어왔기 때문이다"라고 대답하였다. 라마교의 영향을 아주 깊이 받은 샤먼의 일종을 라이칭(laiching)이라 부른다. 이들은 북을 사용하지 않으며 전적으로 동발을 치는 방식으로 신령이 몸에 내리는 상태로 들어선다. 다만 이것은 다우르족에 속한 것이 아니며, Lindgren의 책 속에서도 하이라얼 다우르인을 인용한 서술이 있다. 다우르족 여샤먼 중에서도 동발을 사용하는 자가 있으며, 다른 다우르족 샤먼에게는 이 물건이 없다. 이것은 몸에 내린 샤먼의 신령의 종류가 서로 다르기 때문이라고 하였으나 그 사용 방법은 기술하지 않고 있다.

려있다. 이는 아마도 원래 있던 무경(巫鏡)이 라마교 계통의 염주가 복합하여 생겨난 물건일 것이다.

이밖에도 아르살(arshal: 聖水)을 만들 때 물을 정화하면서 사용하는 9개의 작은 조약돌 등이 있다.

필자가 현지 조사를 하던 어느 추운 밤에 샤먼이 병을 치료하고 있었다. 여샤먼 팡구 샤먼은 말을 타고 왔으며, 환자 집의 남자 셋이 샤먼을 맞이하였다. 한 사람은 네 면이 한 자쯤 되는 네모난 나무 상자를 들었고, 한 사람은 크고 묵직한 가죽 주머니를 안고 왔으며, 한 사람은 무고를 들고 샤먼의 뒤를 따라 환자의 집 서옥(西屋)으로 들어섰다. 나무 상자를 남쪽에 있는 높은 탁자 위에 올려놓고는 바로 그 앞에 향을 피웠다. 무고의 북 면을 더욱 팽팽하게 하기 위하여 북을 불 옆에서 말리면서 큰 가죽 주머니를 서쪽 온돌 위에 올려놓았다. 이 가죽 주머니는 부트렌(butlien)이라 부르며, 튼튼한 소가죽 주머니였다. 그것은 중앙에서 세로로 아구리가 나 있었으며, 가죽끈으로 교차하여 매어 놓았다. 이들은 가죽 주머니의 끈을 풀고 나서 우선 안에서 2개의 천으로 된 주머니를 꺼내고, 이어서 2개의 달라카 토리를 꺼냈다. 원래 그녀는 4개의 거울을 사용하였으나, 이 여샤먼은 노령에 가까웠으므로 중량을 줄이기 위하여 현재는 2개만 사용하였다. 이어서 다시 60개의 황동거울과 70개의 각종 방울이 달린 무의를 꺼냈다. 그리고 가장 밑에서 제일 큰 아르한 토리를 꺼냈다. 한 주머니 속에서는 조개껍질이 달린 흉의를 꺼냈고, 다른 한 주머니 속에서는 십이지상이 수놓인 할분코를 꺼냈다. 그런 후에 무의와 흉의를 서로 이어 붙이고 다시 2개의 아르한 토리를 달았다. 나무 상자에서 두 마리 새의 형상을 꺼내어 그것을 흉의의 양쪽 어깨에 달았다. 다시 할분코를 무의의 뒷부분에 연결시켰는데, 이들 동작에는 순서가 있는 것처럼 보였다. 누구라도 손발이 척척 맞았으며 방 안의 젊은 남자들은 아주 빠르게 이 모든 일을 처리하였다. 이어서 샤먼은 몸에 달라붙은 흰색 옷을 걸치고, 사람들의 도움을 받아 아주 무거운 자와를 몸 위에 걸쳤다. 끝으로 아르한 토리 하나를 달고 이어서 어떤 사람이 나무 상자 안에서 무관을 꺼내어 샤먼에게 주었다. 샤먼이 무관을 머리에 쓰고 가죽끈으로 턱에 단단히 매었다. 이렇게 하여 무장의 준비가 끝났다. 굿이 끝나고 무장을 푸는 순서는 이와 반대였으며, 이 때에도 여전히 향을 피웠다. 하이라얼 거주 집단의 다른 야타칸도 대체로 이와 비슷했다. 그러나 이들은 향을 피우지 않았다. 그 중에 어떤 사람은 일종의 간구(gangu)라는 풀로 만든 오토리(otori)란 향을 사용하였다.

다우르족 사람들은 샤먼이 몸에 무장과 무구를 입지 않으면 옹구르가 몸에 내리지 않는다고 여긴다. 그러므로 무장과 무구는 샤머니즘에서 빠질 수 없는 부분이다. 하이라얼 거주 집단의 4명의 샤먼 또한 각자 머쿤의 제사장이므로, 무장과 무구를 준비하는 것은 머쿤의 임무이다. 지금 살펴보면 무장과 무구는 각 머쿤의 역대 머쿤 샤먼을 통하여 계승되어 내려온 것이다.[32] 그러나 그 제조 기술로 말하면 결코

---

32) 중국 동북에서 여러 민족의 무장(巫裝)은 몇 가지 유형으로 나눌 수 있다. 그 중 하나는 다우르족 유형이고, 서룬족과 어룬춘족 무장도 그 중에 포함된다. 이런 유형에 속하는 하이라얼 다우르 거주 집단의 팡구 샤먼의 무장은 아마도 이런 발전의 최고 수준일 것이다. 이 점에서 이 유형을 구성하는 몇 계통의 문화 요소가 이를 혼연히 조화시킬 수 있는 작용을 하고 있다. 다만 다우르족 무장의 본질을 구성하는 여러 요소 외에도 팡고 샤먼의 무장에는 또 몇 가지 계통의 신문화 요소가 표현되고 있다. 이 또한 그녀 무장의 특색 중 하나이다. 이들이 십이지상을 수놓은 것은 한문화의 요소이며, 또 앞에서 말한 라마교의 동발, 러시아 계통의 방울, 그리고 러시아 제정 시대의 동전을 단추로 삼고 있다. 더욱 흥미있는 것은 그녀의 친척이 일본 여행에서 돌아오면서 가지고 온 큰 조개껍질을 안에 '대관통보(大觀通寶)'라는 글자가 씌어진 황동경과 함께 몸에 달고 있다. 그러므로 근대 후룬베얼에 몰아닥친 강렬한 여러 문화가 모두 일정한 방식으로 여기에서 흡수되고 있다고 말할 수 있다.

다우르족에서 만들 수 있는 것이 아니고, 한족에 의뢰하여야 가능한 것이다. 이전에 하이라얼이나 혹은 치치하얼에 무장과 무구를 제조하던 장인과 상인이 있었다고 한다. 현재 장인 등이 있으나 재료가 완전히 갖춰지지 않았으며, 가령 재료가 완전하다 해도 가격 또한 아주 비싸다.

八. 부기

위에서 중요한 대상으로 삼아 기술한 하이라얼 거주 집단은 다우르족 중에서 라마교의 분위기가 가장 농후한 환경 속에 생활하고 있다. 가령 이런 환경 속에서도 이들은 고유 신앙을 아주 잘 계승하고 있으며, 지금 샤머니즘는 여전히 이들의 기본적이고 통치적인 위치를 차지하고 있는 신앙이다. 다만 현재 이들의 샤머니즘는 전에 없던 쇠퇴기의 추세에 처해 있다는 것은 아주 명확한 사실이다. 과거처럼 같은 거주 집단에서 활약했던 무서운 신위(神威)를 가졌던 샤먼들은[33] 지

---

33) 하이라얼 거주 집단의 종교 사상 가장 유명한 샤먼은 각차 샤먼(gakcha saman)이다. 그는 지금의 남둔 만나 아일(man na ail: nanna mohon의 마을 이라는 의미로, 바로 남둔 동부 취락이다)의 한 집의 노예였다. 당시 다우르 기인(旗人) 중에 약간 지위가 있는 사람들의 집에는 모두 노예가 있었다. 이들 노예의 대다수는 카얼카 몽고인이었다. 당시 소년 노예를 와티그(watig)라 불렀으며, 성인 노예를 가후차라 불렀다. 가후차는 gyalho acha의 축음이다. gyalho는 본래 主室의 동쪽 칸으로 집안에서 가장 지위가 낮은 사람이 잠을 자는 곳이다. acha는 부친에게서 전해 내려온 연장 남자의 존칭이다. 바로 가후차는 gyalho의 작은 아버지란 뜻이다. 지금 이런 보통명사가 고유명사로 사용되었다. 그는 카얼카 사람이었으나 주인집에서 양자로 삼았으므로 만나 머쿤의 샤먼로 뽑힐 수가 있었다.

가후차가 젊었을 때 어느 겨울 날 주인집의 소떼를 따라 伊敏河로 갔다. 겨울에 갔다가 봄에 돌아오는데 강물이 얼음이 녹아서 돌아올 수 없었다. 그는 무술(巫術)을 사용하여 3시간만에 강물을 다시 얼려 소떼를 한 마리도 빠짐없이 집으로 몰고 돌아왔

다. 또 하나의 유명한 전설이 지금까지 전해지고 있다. 자유롭게 천둥 · 벼락 · 바람 · 비를 부를 수 있었으며, 겨울에 마른 풀을 녹색으로 변하게 할 수도 있었다. 머리를 묶을 때 사용했던 붉은 천 조각을 거실에서 대문까지 늘어뜨리고 그것을 작은 새로 변화시킬 수도 있었다. 나무의 가는 가지 위에서 마음대로 오고 갈 수도 있었으며 다른 사람 집에서 얘기를 하다가 상대방이 북경관아에서 일을 하고 있는 집안사람의 상황을 물어보자 그는 그 자리에서 눈을 감고 잠깐 있다가 상대방에게 상세하게 얘기해 주었다. 북경에 있는 사람도 가호차가 그의 친척집에 왔다는 것을 느낄 수 있었다. 그는 옹구르가 몸에 내릴 때 도검을 뽑아 세 군데를 묶고 어디어디로 가라고 명령을 내리면서 동시에 검을 던지면 검은 그의 말에 따라 그가 지정한 곳으로 간다. 특히 그의 巫鏡은 불가사의한 힘을 지니고 있었다. 그가 치치하얼에 있을 때 무경에게 집으로 돌아가라고 하면서 거울을 던지면 거울은 머나먼 곳에서 날아와 남둔의 자기집 지붕 위에서 떨어져 내렸다. 이때 집안 사람들은 그가 이미 돌아오는 길이라는 것을 알 수 있었다 이 거울은 아르탄 네크루 토리(altan neklu toli: 황금의 능력을 가진 거울이라는 뜻)라 불렀다. 지금 그것은 자라무더에서 이미 작고한 아오 샤먼(ao saman) 집에 전해져 오고 있다. 또 그는 검을 가지고 자기의 복부를 찌르고 배를 갈라 창자와 내장을 드러내기도 하고 혀를 끄집어 내어 국수처럼 잘게 잘라내기도 했으며 게다가 타림(tarim: 咒語라는 의미)를 외면 모든 것이 원상태로 돌아갔다.

가호차의 산돈은 하이라얼 교외의 남경천 부근의 부도르지르갈(boo-dorjrga)이라는 곳에 있다. 사람들은 돌무더기를 사용하여 사당을 세웠다. 그의 산돈은 늘상 군대에 간 만나 머쿤 남자들의 생명을 구해 주었으며, 지금도 어떤 사람들은 가호차가 생명을 구해 주었다고 한다. 지금 그는 몽골사람뿐만 아니라 한인들에게도 신봉되고 있다. 어떤 사람은 심지어 그가 노예 출신의 성인이라고 한다.

가호차의 다음 샤먼인 터칭가 샤먼 또한 아주 유명하다. 그도 만나 머쿤의 샤먼으로 대개 1백 년 전에 죽은 남자이다. 그가 죽을 때 사람들에게 그가 죽지 않을 것이니 울지 못하도록 하면서 그의 유체를 무장에 쌓아 소달구지에 싣고 암소로 끌게 하면서 어느 어느 산꼭대기 위로 운반하면 그 다음날 그가 반드시 돌아온다고 했다. 이로 인해 머쿤의 사람들은 함께 모여 그를 기다렸다. 사람들은 그의 유언에 따라 이 모든 일을 처리하였다. 그후 머쿤 사람들은 전부 샤먼의 집에 모여 집 안에서부터 대문까지 흰 천을 깔고 남자들은 서쪽에 여자들은 동쪽에 서서 기다렸다. 3일째 되는 날 저녁에 멀리서 북 두드리는 소리가 들려오면서 터칭가 샤먼이 돌아왔다. 이로부터 그는 또 3년을 더 살았다. 지금 만나 머쿤의 집집마다 모두 이 샤먼을 제사지내고 있다. 팡구 샤먼이 말하기를 머쿤의 작은 아이들이 병이 생기면 이 샤먼에게 빌면 아주 좋은 치료 효과를 얻을 수 있다고 한다.

이밖에도 대략 50년 전의 아오 샤먼 등이 있다. 그는 목재를 운반할 때 소도 사용하지 않고 수레도 사용하지 않았으며 아주 무거운 목재 두 개를 가볍게 운반할 수 있었다. 그는 또 맹렬하게 불길이 타오르는 아궁이 속으로 기어 들어갈 수 있었으며 아궁이 안에서 큰 솥을 위로 들어올릴 수가 있었다. 그는 5대의 우마차에 실은 건초더미에 불을 붙이고 큰 불길 속에서 助巫와 함께 춤을 추었으나 머리카락 하나도 타지 않았다. 사람들은 그 자신이 불가사의한 힘을 지녔다는 것은 이해할 수 있으나 특별한 수양을 거치지 않은 조무도 그의 무력 아래에서 조금도 화상을 입지 않은 것은 정말

금은 이미 찾아 볼 수가 없고, 앞으로 나올 것이라고 상상할 수도 없다. 아울러 하이라얼 거주 집단에 속하는 가가호호 중에는 많고 적고 간에 라마교를 믿는 경향이 있다. 또 강한 힘을 갖고 있는 아락찬 머쿤 중에서는 샤먼의 뿌리가 끊긴 지 이미 십 몇 년이 지났으나, 아직도 여전히 후계자가 생겨날 조짐이 보이지 않고 있다. 샤먼에 대한 신앙이 이처럼 쇠약하고 있는 것에 대하여 샤먼 자신도 아주 우려하고 있으며 우리도 아주 쉽게 이 점을 살펴 볼 수가 있었다. 이 거주 집단에서 샤먼의·뿌리가 끊어질 수 있다는 것은 결코 요원한 장래의 일이 아닐 것이다.

라마교는 몽골 민족 중에 요원의 불길처럼 신속하게 전파되고 있으며, 샤먼 신앙을 중심으로 한 몽골 고유종교의 어떤 내용들은 파기되고 어떤 것은 흡수되었다. 이는 라마교라는 종교가 몽골 고유의 종교와 서로 비교하면 비교할 수 없는 고급 종교일 뿐만 아니라 몽골식으

불가사의하다고 한다.

위와 같은 사례를 기록하면 많이 있으나 여기에서 그치도록 한다. 여기에서는 니산 샤먼에 대한 이야기를 하도록 한다. 이 여샤먼은 명계를 여행하면서 거기에서 한 청년의 영혼을 찾아와 그 청년에게 새로운 삶을 살게 해주었다는 이야기이다.

시로코고로프는 그의 〈Pschomental Compltx of the Tungus〉에서 이런 이야기를 하고 있다. 그는 원혼현에서 만주어 사본을 얻었으며 아울러 그는 그 원문과 주석을 함께 발표하려 하였다. 그러나 이 작업을 완성하지 못하고 타계하였다. 이 자료가 그의 문고 속에 남아 있다는 것은 긍정적이다. 凌純聲도 이 이야기의 한문 원문인《일신샤먼(一新薩滿)》을《송화강 하류의 허저족(松花江下流的赫哲族)》의 부록인《허저이야기(赫哲故事)》제18 속에 기재하고 있다. 하이라얼 거주 집단 다우르족 중에도 이러한 이야기가 전해지고 있으나 윗 글들과는 약간의 차이가 있다. 그 만주어 사본은 필자도 책자가 하나 있지만 이것을 읽을 만한 능력이 아직 없다. 니산샤먼의 이야기는 만주어로 씌어진 유일한 샤먼이야기다. 한 다우르족 사람들이 나에게 말하기를 이 여샤먼으로부터 돌부르(dolbor: 한족의 샤먼이 말하는 過陰, 즉 陰界로 가는 巫術)가 생겨나게 되었다. 당연히 이 일이 없다고 해도 이렇게 말할 수는 있다. 이 이야기는 중국 동북에 원래 살고 있던 여러 민족, 만족 문화의 영향 하에 있던 여러 민족 중에는 옛날부터 전해져 오던 이야기 중 하나이다. 이런 방법을 이용하여 이런 민족 속에서 전해 내려오고 있는 이런 이야기를 비교 연구하는 것이 나의 바람 중 하나이다.

로 말하면 라마교는 일종의 우수한 과학과 찬란한 문화이다. 그러나 현재 라마교는 몽골지구에서 과학성과 문화성의 적극적인 작용을 상실하였으며, 이미 전문적인 종교가 되어 장래에 존재할 것들을 속박하고 있다. 하이라얼 거주 집단의 다우르족 중에서 특히 젊은이들 사이에는 점차 고유 신앙에 대한 불만이 생겨나고 있으며, 또 라마교의 사상에 대해서도 만족하지 못하고 있다.

이로 인하여 이 거주 집단 중에서 샤머니즘이 쇠퇴하는 근본적인 원인은, 몽골 민족이나 혹은 다른 거주 집단처럼 순전히 라마교의 영향에 속하지는 않는다. 이들의 대부분은 흥안북성의 정치 · 경제 문화의 중심인 하이라얼과 서로 인접한 서룬치 공서(公署) 소재지인 남둔에서 살고 있으며, 이런 환경에서 온 많은 영향들이 다우르족 자신의 우수한 전통기질에 크게 감화를 주었으며 문화와 교육이 급속하게 보급되었다. 청소년 중에는 열심히 공부하려는 경향이 생겨났으며 일반 민중도 위로 향상하려는 절박한 마음들이 있었으므로 이 모든 것이 이 집단의 생활에 근본적인 변화를 가져오게 했다. 사람들은 라마교를 초월하고 신과학 · 신문화 · 신종교로 나아가고 있다.

샤머니즘을 말하자마자 사람들은 바로 미신과 사교를 생각하게 되며 샤먼을 말하면 사람들은 바로 사기와 거짓말을 하는 비천한 무리들을 생각하게 된다. 아마도 중국 동북지구의 여러 민족 중에서 민족샤먼을 가장 멸시하는 한족 중에서 이러하다. 그러나 이런 말이 전체적으로 해당되는 것은 아니다. 더욱이 샤머니즘을 민족적인 신앙으로 삼아 건전하게 보존해 내려온 다우르족 중에서도 이런 생각들을 하고 있다. 예를 들면 다우르족 사람 중에 부터하치의 내무과장인 오르공버더의《살마론(薩瑪論)》처럼 맹렬하게 샤머니즘을 비판한 문장들이 나오고 있다. 이것은 단지 샤먼의 폐단을 없애 버리려고 생각하는 한

편의 계몽책자일 따름이며, 전면적으로 관찰한 정론이라고 말하기는 아주 어렵다. 예를 들면 적어도 내가 조사한 범위 안에서는 샤머니즘의 내용 중에 개인적인 치병무술을 주요 목적으로 한 사적인 성분과 씨족의 안녕과 행복을 주요 목적으로 하며 씨족 제사를 지내는 공적인 부분이 있었다. 그러나 오르공버더는 후자의 의미에 대해서는 한마디도 하지 않고 있다. 나는 민족 고유의 전승 중에서 장래에 반드시 발전시켜야 될 여러 요소를 발견하려고 하는 태도가 중요하다고 생각한다. 물론 병을 치료하는 샤먼 중에는 많은 미신도 있으며 이는 당연히 바로잡아야 한다. 폐단이 있으므로 없애 버려야 할 것도 적지 않다. 치병무술로 말하면 그것은 소박하면서 종교·문학·음악·무용을 하나로 융합한 종합체이다. 갖가지 씨족 제사는 우수하고 아름다우며 예술적인 종합 의례를 포함하고 있다. 만일 다우르족이 장래에 고유 문화를 발전시키려고 하면서 이들 요소를 홀시한다면 어디에서 그 발전의 기초를 찾을 수 있겠는가?

다우르족의 적극적인 면에 대한 고려가 부족한 점도 학술 연구에서 더욱 두드러진다. 일본인의 조사 연구 보고서로서 내가 알고 있는 것으로는 단지 흥안국의 야마네 준타로우(山根順太郎) 및 흥안총서의 무라오카 시게오(村岡重夫)의 농업관행 조사와 신경공업대학 야자커 타가요시(矢崎高儀) 교수의 주거 조사, 이게지리 노부루(池尻登)의《다우르족(達斡爾族)》등이다. 내가 아는 바에 의하면 구미에서 다우르족에 관한 연구는 포베와 이마노부스키의 언어 연구 외에 단지 Lindgren의 무장(巫裝)에 관한 보고가 있을 뿐이다. 이로 인해 우리가 다우르족의 생활 문화 및 민족 기질을 자세히 알려고 한다면 당연히 역사와 현실 모든 면에서 적극적으로 연구를 해야 한다. 이런 면에서는 다우르족의 선배 중에서도 있으니, 가령 아르탄허타(阿勒坦喝塔)의《다우르몽

골고(達斡爾蒙古考)》오르공버더의《다우르민족지고(達斡爾民族志考)》
등 두 편의 문장이 있다. 전자는 민족사적인 문헌적 연구이고, 후자는
민족 생활의 여러 면을 언급하고 있다. 다우르족의 종교 방면에 대한
조사 연구는 국내에서도 거의 보이지 않고 있다. 이런 제목은 동아시
아 여러 민족 종교 연구 중에서도 거의 언급되지 않았으며 줄곧 공백
상태였다. 나의 하이라얼 거주 집단에 대한 조사는 상세하나 그 나머
지 3개 거주 집단의 조사는 아주 일천하다. 그러나 나는 본고를 쓰고
독자들과 만날 즈음에는 여전히 푸터하 거주 집단을 조사할 것이다.
이어서 점차로 조사를 진행할 것이다. 나는 하이라얼 거주 집단의 조
사에서 신계(神系)·제사·무술·고유 신앙과 외래 신앙의 복합 등에
관한 극히 중요한 항목의 많은 자료를 수집하였다. 그러나 여기에서
는 완전히 언급하지 않거나 혹은 단지 단편적인 일만 말한 것도 적지
않다. 왜냐하면 여기서는 단지 샤먼을 중심으로 하였으며 주로 씨족
생활과 관련된 면을 서술하였기 때문이다. 이 글은 단지 다우르족 종
교연구 방면의 제1차 중간 연구보고서일 따름이다.

　본 보고서 중에 중요한 어휘는 로마자로 표기하려고 노력하였으나
이런 방법을 사용한 것도 아주 뛰어나지는 않으며, 게다가 언어학 지
식이 빈천한 나는 아마도 이 과정중에 나도 모르는 많은 과실을 범했
을 것이다. 이 면에서 문교부 편심관 터크타구(托克塔古)의 많은 가르
침을 받았으므로 이에 깊은 감사를 표시한다.

홍 희 洪 熹

성균관대학교 중어중문학 석사

중앙민족대 민족학 박사

현재 대진대학교 교수

문예신서
269

중국 소수민족의 원시종교

초판발행 : 2004년 2월 20일

지은이 : 洪 熹
펴낸이 : 辛成大
펴낸곳 : 東文選
제10-64호, 78. 12. 16 등록
110-300 서울 종로구 관훈동 74번지
전화 : 737-2795

편집설계 : 李姃룡

ISBN 89-8038-492-0 94200
ISBN 89-8038-000-3 (세트/문예신서)

【東文選 現代新書】

1	21세기를 위한 새로운 엘리트	FORESEEN 연구소 / 김경현	7,000원
2	의지, 의무, 자유 ─ 주제별 논술	L. 밀러 / 이대희	6,000원
3	사유의 패배	A. 핑켈크로트 / 주태환	7,000원
4	문학이론	J. 컬러 / 이은경·임옥희	7,000원
5	불교란 무엇인가	D. 키언 / 고길환	6,000원
6	유대교란 무엇인가	N. 솔로몬 / 최창모	6,000원
7	20세기 프랑스철학	E. 매슈스 / 김종갑	8,000원
8	강의에 대한 강의	P. 부르디외 / 현택수	6,000원
9	텔레비전에 대하여	P. 부르디외 / 현택수	7,000원
10	고고학이란 무엇인가	P. 반 / 박범수	8,000원
11	우리는 무엇을 아는가	T. 나겔 / 오영미	5,000원
12	에쁘롱 ─ 니체의 문체들	J. 데리다 / 김다은	7,000원
13	히스테리 사례분석	S. 프로이트 / 태혜숙	7,000원
14	사랑의 지혜	A. 핑켈크로트 / 권유현	6,000원
15	일반미학	R. 카이유와 / 이경자	6,000원
16	본다는 것의 의미	J. 버거 / 박범수	10,000원
17	일본영화사	M. 테시에 / 최은미	7,000원
18	청소년을 위한 철학교실	A. 자카르 / 장혜영	7,000원
19	미술사학 입문	M. 포인턴 / 박범수	8,000원
20	클래식	M. 비어드·J. 헨더슨 / 박범수	6,000원
21	정치란 무엇인가	K. 미노그 / 이정철	6,000원
22	이미지의 폭력	O. 몽쟁 / 이은민	8,000원
23	청소년을 위한 경제학교실	J. C. 드루엥 / 조은미	6,000원
24	순진함의 유혹 〔메디시스賞 수상작〕	P. 브뤼크네르 / 김웅권	9,000원
25	청소년을 위한 이야기 경제학	A. 푸르상 / 이은민	8,000원
26	부르디외 사회학 입문	P. 보네위츠 / 문경자	7,000원
27	돈은 하늘에서 떨어지지 않는다	K. 아른트 / 유영미	6,000원
28	상상력의 세계사	R. 보이아 / 김웅권	9,000원
29	지식을 교환하는 새로운 기술	A. 벵토릴라 씨 / 김혜경	6,000원
30	니체 읽기	R. 비어즈워스 / 김웅권	6,000원
31	노동, 교환, 기술 ─ 주제별 논술	B. 데코사 / 신은영	6,000원
32	미국만들기	R. 로티 / 임옥희	10,000원
33	연극의 이해	A. 쿠프리 / 장혜영	8,000원
34	라틴문학의 이해	J. 가야르 / 김교신	8,000원
35	여성적 가치의 선택	FORESEEN연구소 / 문신원	7,000원
36	동양과 서양 사이	L. 이리가라이 / 이은민	7,000원
37	영화와 문학	R. 리처드슨 / 이형식	8,000원
38	분류하기의 유혹 ─ 생각하기와 조직하기	G. 비뇨 / 임기대	7,000원
39	사실주의 문학의 이해	G. 라루 / 조성애	8,000원
40	윤리학 ─ 악에 대한 의식에 관하여	A. 바디우 / 이종영	7,000원
41	흙과 재 〔소설〕	A. 라히미 / 김주경	6,000원

34 朝鮮의 鬼神	村山智順 / 金禧慶	12,000원
35 道敎와 中國文化	葛兆光 / 沈揆昊	15,000원
36 禪宗과 中國文化	葛兆光 / 鄭相泓·任炳權	8,000원
37 오페라의 역사	L. 오레이 / 류연희	18,000원
38 인도종교미술	A. 무케르지 / 崔炳植	14,000원
39 힌두교의 그림언어	안넬리제 外 / 全在星	9,000원
40 중국고대사회	許進雄 / 洪 熹	30,000원
41 중국문화개론	李宗桂 / 李宰碩	23,000원
42 龍鳳文化源流	王大有 / 林東錫	25,000원
43 甲骨學通論	王宇信 / 李宰碩	40,000원
44 朝鮮巫俗考	李能和 / 李在崑	20,000원
45 미술과 페미니즘	N. 부루드 外 / 扈承喜	9,000원
46 아프리카미술	P. 윌레프 / 崔炳植	절판
47 美의 歷程	李澤厚 / 尹壽榮	28,000원
48 曼茶羅의 神들	立川武藏 / 金龜山	19,000원
49 朝鮮歲時記	洪錫謨 外/李錫浩	30,000원
50 하 상	蘇曉康 外 / 洪 熹	절판
51 武藝圖譜通志 實技解題	正 祖 / 沈雨晟·金光錫	15,000원
52 古文字學첫걸음	李學勤 / 河永三	14,000원
53 體育美學	胡小明 / 閔永淑	10,000원
54 아시아 美術의 再發見	崔炳植	9,000원
55 曆과 占의 科學	永田久 / 沈雨晟	8,000원
56 中國小學史	胡奇光 / 李宰碩	20,000원
57 中國甲骨學史	吳浩坤 外 / 梁東淑	35,000원
58 꿈의 철학	劉文英 / 河永三	22,000원
59 女神들의 인도	立川武藏 / 金龜山	19,000원
60 性의 역사	J. L. 플랑드렝 / 편집부	18,000원
61 쉬르섹슈얼리티	W. 챠드윅 / 편집부	10,000원
62 여성속담사전	宋在璇	18,000원
63 박재서희곡선	朴栽緒	10,000원
64 東北民族源流	孫進己 / 林東錫	13,000원
65 朝鮮巫俗의 硏究(상·하)	赤松智城·秋葉隆 / 沈雨晟	28,000원
66 中國文學 속의 孤獨感	斯波六郎 / 尹壽榮	8,000원
67 한국사회주의 연극운동사	李康列	8,000원
68 스포츠인류학	K. 블랑챠드 外 / 박기동 外	12,000원
69 리조복식도감	리팔찬	20,000원
70 娼 婦	A. 꼬르뱅 / 李宗旼	22,000원
71 조선민요연구	高晶玉	30,000원
72 楚文化史	張正明 / 南宗鎭	26,000원
73 시간, 욕망, 그리고 공포	A. 코르뱅 / 변기찬	18,000원
74 本國劍	金光錫	40,000원
75 노트와 반노트	E. 이오네스코 / 박형섭	20,000원

76 朝鮮美術史研究	尹喜淳	7,000원
77 拳法要訣	金光錫	30,000원
78 艸衣選集	艸衣意恂 / 林鍾旭	20,000원
79 漢語音韻學講義	董少文 / 林東錫	10,000원
80 이오네스코 연극미학	C. 위베르 / 박형섭	9,000원
81 중국문자훈고학사전	全廣鎭 편역	23,000원
82 상말속담사전	宋在璇	10,000원
83 書法論叢	沈尹默 / 郭魯鳳	8,000원
84 침실의 문화사	P. 디비 / 편집부	9,000원
85 禮의 精神	柳肅 / 洪熹	20,000원
86 조선공예개관	沈雨晟 편역	30,000원
87 性愛의 社會史	J. 솔레 / 李宗旼	18,000원
88 러시아미술사	A. I. 조토프 / 이건수	22,000원
89 中國書藝論文選	郭魯鳳 選譯	25,000원
90 朝鮮美術史	關野貞 / 沈雨晟	30,000원
91 美術版 탄트라	P. 로슨 / 편집부	8,000원
92 군달리니	A. 무케르지 / 편집부	9,000원
93 카마수트라	바짜야나 / 鄭泰爀	18,000원
94 중국언어학총론	J. 노먼 / 全廣鎭	28,000원
95 運氣學說	任應秋 / 李宰碩	15,000원
96 동물속담사전	宋在璇	20,000원
97 자본주의의 아비투스	P. 부르디외 / 최종철	10,000원
98 宗教學入門	F. 막스 뮐러 / 金龜山	10,000원
99 변 화	P. 바츨라빅크 外 / 박인철	10,000원
100 우리나라 민속놀이	沈雨晟	15,000원
101 歌訣(중국역대명언경구집)	李宰碩 편역	20,000원
102 아니마와 아니무스	A. 융 / 박해순	8,000원
103 나, 너, 우리	L. 이리가라이 / 박정오	12,000원
104 베케트연극론	M. 푸크레 / 박형섭	8,000원
105 포르노그래피	A. 드워킨 / 유혜련	12,000원
106 셸 링	M. 하이데거 / 최상욱	12,000원
107 프랑수아 비용	宋勉	18,000원
108 중국서예 80제	郭魯鳳 편역	16,000원
109 性과 미디어	W. B. 키 / 박해순	12,000원
110 中國正史朝鮮列國傳(전2권)	金聲九 편역	120,000원
111 질병의 기원	T. 매큐언 / 서 일 · 박종연	12,000원
112 과학과 젠더	E. F. 켈러 / 민경숙 · 이현주	10,000원
113 물질문명 · 경제 · 자본주의	F. 브로델 / 이문숙 外	절판
114 이탈리아인 태고의 지혜	G. 비코 / 李源斗	8,000원
115 中國武俠史	陳山 / 姜鳳求	18,000원
116 공포의 권력	J. 크리스테바 / 서민원	23,000원
117 주색잡기속담사전	宋在璇	15,000원